키스톤디자인

인문창의

Keystone Design: Humanistic Creativity

Edition by
Catholic College, The Catholic University of Korea

Printed in
THE CATHOLIC UNIVERSITY OF KOREA PRESS

KEYSTONE DESIGN

HUMANISTIC CREATIVITY

키스톤디자인 인문창의

가톨릭대학교 학부대학 지음

가톨릭대학교출판부

머리말

미래 통찰자 Future Insighter
가치 창조자 Value Creator
사회 영향자 Social Influencer

우리가 새로운 프레임을 만들기 위해 한 발 내딛기를 주저하지 않고 과감해질 때, 기존의 지식을 습득하는 것에 그치지 않고 새로운 지식을 창조하고 확산하는 미지의 곳으로 거침없이 나아갈 때, 자신에게만 있는 힘을 발견하고 그것을 키워나가 '나'의 이야기를 말할 수 있을 때, 바로 그 순간 우리의 '인문창의성'이 발휘될 것이다.

인문창의성(Humanistic Creativity)은 인간이 가진 감성, 지성, 의지의 인식 구조를 기반으로 인간의 가치를 실현하는 것을 말한다. 휴머니즘은 인간의 신체와 그로부터 나오는 감성적 욕망을 아름다움의 원천으로 긍정하고, 인간의 지성을 진리 탐구와 발견의 근원으로 삼으며, 자유롭게 선택하고 책임지는 도덕적 의지를 신뢰한다. 인문창의성은 이러한 인간의 행위와 능력을 믿고 확장하며, 새로운 능력과 가치를 발견하려는 노력에서 발현된다.

『키스톤디자인: 인문창의』는 지금 없지만 앞으로 있을 것을 볼 수 있는 자, 보는 것을 통해 새로운 것을 만들어 낼 수 있는 자, 새롭게 만들어 낸 것이 타인에게 선한 영향을 미치게 하는 자를 위한 책이다. 이를 위해 인간, 사회, 문화, 삶, 현상 등을 예술적 · 복합적 · 감각적 측면에서 바라보고, 인간이 창조해 낸 다양한 산물의 의미를 해석하여 인간의 가치를 발견하고 생성해 내는 데 중점을 두었다. 관점의 전환을 다룬 〈순간의 포착과 영원〉, 상상 공간을 구현한 〈슈필라움 디자인〉, 언어 해체와 결합을 다룬 〈낯선 연결과 창조적 편집〉, 비텍스트 자료의 네트워크성을 구현한 〈뮤직멘터리 디자인〉, 정보 수집과 선별을 다룬 〈개인의 기록과 사회적 의미〉, 집단 경험을 공간으로 구현한 〈기억공간 디자인〉은 내 안에 잠든 인문창의성을 깨워줄 것이다.

이 책이 나오기까지 꽤 오랜 시간이 걸렸다. 그 시간은 인간다운 지성의 본령을 찾아가기 위한 여정이었고, 인문창의의 키스톤(Keystone)을 발굴해 가는 과정이었다. 그 과정을 함께해 주신 하병학, 최선경, 김남희 교수님과 마지막까지 교재 집필에 큰 도움을 주신 방담이, 이원봉 교수님께 고마운 마음을 표하고 싶다. 또한 무엇보다 '키스톤디자인' 교육 과정을 개발하고 정착시키기까지 긴 시간을 묵묵히 지켜보며 지지해 주신 총장님과 학장님께 이 자리를 빌려 진심 어린 감사를 드린다.

집필진

목차

프롤로그: 인문창의성으로 디자인하다

지금, 인문창의성이 필요한 때

최초로 스마트폰을 출시하여 정보통신기술 시대의 기업 혁신과 창의성의 아이콘이 된 스티브 잡스Jobs, Steve는 기술과 인문학에 대해 이렇게 말하곤 했다. "기술만으로는 충분하지 않습니다. 우리의 가슴을 요동치게 하는 결과물을 주는 것은 바로 자유 교양, 즉 인문학과 결합한 기술입니다." 그가 보기에 기술의 가능성을 실현하는 것은 기술에 방향을 제시하는 인문학이 해야 하는 일이었다. 우리의 가슴을 요동치게 하는 기술이 등장하기 위해서는 인간을 이해하는 인문학이 필요하다. 손가락의 움직임을 통해 인간이 받는 느낌과 욕구를 이해하지 못했다면, 화면에 직접 손가락을 대고 확대하고 축소하는 기술은 등장하지 못했을 것이다. 마찬가지로 얼굴을 마주보고 이야기하는 것이 인간관계에 얼마나 중요한 의미를 갖는지 이해하지 못했다면 화상통화 기술은 개발되지 않았을 것이다. 이처럼 인간을 이해하는 인문학은 인간에게 가치 있는 것이 무엇인지 알려 줌으로써, 과학 기술이 가야 할 방향을 지시한다.

많은 사람들이 과학 기술의 발전이 가져올 미래 사회의 변화 앞에서 우리가 갖추어야 할 가장 중요한 능력으로, 창의성과 인성을 들고 있다. 자동화가 심화되고 인공 지능의 역할이 커짐에 따라 인간의 역할이 줄어들면서, 기술이 대체할 수 없는 인간의 능력으로 창의성과 인성이 부각되고 있기 때문이다. 4차 산업 혁명이 가져올 미래 사회의 변화를 예측하면서 클라우스 슈밥Schwab, Klaus은 미래의 번영은 오로지 인간의 손에 달려 있다고 보았다. 미래 사회의 번영된 인간 삶을 상상하고, 그런 미래를 실현하기 위한 방법을 찾아내고, 실천하는 것은 인간의 몫이기 때문이다. 인공 지능을 비롯한 미래의 기술은 다만 그런 실천을 위한 가장 효율적인 수단과 방법을 제공할 뿐이다. 미래는 인간의 가치 실현과 번영이라는 목적을 위해 인간과 기술이 협업하는 시대가 될 것이다. 따라서 오늘날에는 주어진 정보를 논리적으로 처리하여 정해진 답을 찾아내는 능력보다 인간의 욕망이 무엇인지, 인간은 자신의 경험을 어떻게 이야기하고 싶어 하는지, 인간은 어떤 미래를 꿈꾸고 있는지를 생각하는 능력이 더 중요해지고 있다. 최근에 지능 지수에 더해 감성 지수, 윤리 지수라는 새로운 용어가 등장하고 적정 기술이나 유니버설 디자인처럼 기술이나 디자인에 있어서 가치 지향성이 주목받는 현상은 우연이 아니다.

오늘날 요구되는 창의성은 지금 있는 것을 더 효율적으로 해내는 것보다는 지금 없지만 인간에게 가치 있는 것을 상상하는 능력이며, '우리의 가슴을 요동치게 하는' 것이다. 이런 창의성을 발휘하기 위해서는 인간이 무엇을 원하는지 무엇을 해야 하는지 이해해야 한다. 놀이의 즐거움을 모르는 사람은 재미있는 게임을 만들어 낼 수 없으며, 음악의 감동을 느끼지 못하는 사람은 창의적인 작품을 만들 수 없다. 마찬가지로 인간이 겪는 고통을 이해하지 못하는 사람은 그들의 고통을 줄여 줄 수 있는 창의적 아이디어를 낼 수 없다. 이런 의미에서 오늘날의 창의성은 과거처럼 소수의 천재만이 발휘하는 특별한 능력이 아니다. 자신의 경험을 잘 이해하고, 타인의 경험과 연결하여 인간의 가치를 발견할 수 있는 사람이라면 누구에게나 열려 있는 창의성이다. 인류의 지적 자산과 소통의 매체가 독점되던 과거와 달리 오늘날에는 누구나 지식 생산자가 되어 자기의 창의적 생각을 표현하고 소통할 수 있게 되었기 때문이다. 창의적 사고는 한 개인의 경험이 대화와 소통을 통해서 다른 사람과 공유됨으로써 공동의 가치를 만들어 가는 과정에서 일어난다. 이를 위해서는 넘쳐나는 정보, 텍스트, 자료 등을 선별할 수 있는 안목, 이를 연결하는 편집 능력, 가치를 확장할 수 있는 사고가 필수적이다. 그리고 이런 사고는 인간에 대한 이해가 없다면 불가능하다. 따라서 오늘날에 필요한 창의성은 인간에 대한 이해를 요구하며 인간의 가치를 확장하는 것이어야 한다. 과거에 인간의 영역에 속하던 많은 것을 기술이 대신하게 된 4차 산업 혁명 시대에, 역설적으로 인간의 이해를 추구하는 인문학이 주목받게 된 이유가 여기에 있다. 우리는 인간에 대한 이해를 바탕으로 인간의 가치를 확장하는 창의성을 인문창의성(Humanistic Creativity)으로 부를 수 있다.

서양의 역사에서 창의성을 가장 꽃피웠던 때는 예술, 문학, 사상의 전 분야에 걸쳐서 많은 창의적 천재들이 등장했던 르네상스 시대라고 할 수 있다. 르네상스 시대의 문화 융성은 천상의 구원으로 향하던 눈을 지상의 인간에게 돌리면서 가능했다. 인간의 육체적 욕망과 감각적 즐거움을 긍정하고, 삶의 가치를 스스로 선택할 수 있는 자유의지를 인정하는 휴머니즘(Humanism)이 르네상스 시대 창의성의 원천인 것이다. 휴머니즘의 어원인 후마니타스(humanitas)는 인간에 대한 종합적인 앎을 추구하는 학문인 자유 교양학, 즉 인문학을 의미했다. 하지만 다른 한편으로 후마니타스는 인문학 교육이 지향하는 인간의 존엄성을 긍정하고 널리 인간을 사랑하는 박애의 정신을 의미하기도 한다. 인간 존엄성의 사상, 혹은 박애 사상이라고 할 수 있는 휴머니즘은 인간이 가진 자연 본성을 부정하지 않으며, 인간을 타고난 자연 본성의 테두리에 가두지도 않는다. 휴머니즘은 인간의 신체와 감성적 욕망을 아름다움의 원천으로 긍정하고, 인간의 지성을 진리 탐구와 발견의 원천으로 삼으며, 자유롭게 선택하고 책임지는 도덕적 의지를 신뢰하고 존중한다.

서양에서 휴머니즘이 크게 번성했던 시기가 두 차례 있었다. 한 번은 자연 세계에 대한 관심으로부터 인간 자신에 대한 관심으로 눈길을 돌린 고대 그리스 아테네에서 일어났던 휴머니즘이고, 다른 한 번은 천상의 신으로부터 지상의 인간에게 눈길을 돌린 르네상스 시대의 휴머니즘이다. 이 두 차례의 휴머니즘은 인간의 가치에 대한 무시나 억압에 대항하여 인간의 가치를 발견하려는 움직임이었고, 인간의 창의성을 자극하여 찬란한 문화를 꽃피울 수 있었다. 지금 우리는 세 번째의 휴머니즘 시대를 맞이하고 있다. 이 시대에는 근대의 이성 중심주의에서 억압되었던 인간의 감성과 욕망이 재발견되고, 산업 사회를 지배하던 효율성의 가치에 억압받던 다양한 인간적 가치가 긍정되고 있다. 특히 오늘날의 휴머니즘은 과거와 달리 소수의 자유 시민을 위한 휴머니즘이 아니라 모든 사회 구성원이 자신의 욕망과 가치를 실현하기 위해 창의성을 발휘하는 휴머니즘이다.

르네상스 시대의 인문주의자인 미란돌라Mirandola, Giovanni Pico della는 인간은 동물로 타락할 수도, 신성한 존재가 될 수도 있는 자유의지를 가진 존재로 창조되었고, 그 때문에 존엄하다고 역설하였다. 인간은 동물이지만, 그런 동물성을 뛰어넘을 수 있으며, 인간은 문제 해결을 위한 합리적 사고를 할 수 있지만, 그런 합리성을 뛰어넘을 수 있다. 인간은 자연의 일부이지만, 자연성을 극복할 수 있으며, 환경의 지배를 받지만, 환경을 바꿀 수 있다. 이렇게 고정되고 확립된 것을 거부하고 새로운 가치를 만들어 내어 자기 자신을 만들어 갈 수 있는 인간의 자유가 창의성의 원천이다. 그래서 자연의 원리라는 이름으로, 창조주의 이름으로, 합리성과 효율성의 이름으로 이런 자유가 억압될 때, 인간의 창의성은 침묵할 수밖에 없다. 과학 기술의 급속한 발전으로, 더 이상 효율성을 위해 인간의 자유를 희생하지 않을 수 있게 된 오늘날 인간의 가치를 발견하고 창조하는, 인문창의성이 요구되는 것은 당연한 일이다.

내 안에 잠든 인문창의성을 깨워라

모든 창조된 것은 창조자를 닮는다. 그래서 우리는 한 번도 만난 적 없는 석기 시대 사람들이 남긴 동굴 벽화를 통해서 그들이 어떤 생각과 생활을 했는지 알 수 있다. 마찬가지로 인공 지능의 계산 방법은 인간의 논리적 사고방식을 닮고, 로봇의 형태와 기능은 인간을 닮는다. 인간의 가치를 원천으로 하는 인문창의성 역시 인간의 특성을 벗어나서 생각될 수 없다. 인간성을 한마디로 정의하기는 불가능하지만, 인간의 특징을 인문창의성의 관점에서 몇 가지로 생각해 볼 수는 있다.

먼저, 인간은 느끼고 표현하는 존재다. 동물도 느끼고 반응하며, 로봇도 센서에서 수집된 정보를 처리하여 주어진 과제를 수행한다. 하지만 인간은 단순히 감각의 자극에 반사적으로 반응하는 것이 아니라, 감각을 느끼며, 그 느낌을 자신만의 방식으로 표현하고 싶어 한다. 인간의 경우에, 감각 기관을 통해서 들어오는 정보는, 그것을 받아들이는 주관을 통해서 비로소 하나의 '느낌'으로 경험된다. 이런 느낌을 하나의 개념으로 규정하기는 어렵다. 예를 들어, 폭풍우 치는 밤 검푸른 바닷가에 서 있는 사람이 시각, 청각, 촉각의 감각에서 얻는 느낌을 객관적인 언어로 표현하기 어렵다. 감각을 경험하는 사람에게 그 느낌은 분명하고 강렬하지만, 다른 사람에게 전달하기는 어려운 것이다. 하지만 인간에게는 어떻게든 자기의 느낌을 표현하고 싶은 원초적 욕망이 있고, 이것이 창의성의 원천이 된다. 원시인들은 성난 들소에 쫓길 때의 두려움과 흥분, 그 들소를 쓰러뜨렸을 때의 안도감과 승리의 기쁨을 동굴의 벽화나 축제의 음악으로 표현했다. 어린아이는 울음과 표정, 몸짓으로 자신의 고통과 기쁨을 표현하고, 점점 자라면서 그림으로, 악기나 노래로, 시나 춤으로 자신의 느낌을 표현하고 싶어 한다. 이러한 표현의 욕망은 늙어서도 사라지지 않는다. 따라서 인간은 본성적으로 느끼고 표현하는 존재라고 할 수 있다.

감각적 느낌과 표현은 창의성의 출발점이자 인문창의성의 특징이다. 그러므로 표현이라는 인간의 원초적 욕망을 억압하고서는 어떤 인간적 가치도 실현될 수 없는 것이다. 흔히 어린아이의 시기를 가장 창의적이라고 하는데, 이 시기의 아이들은 아무런 방해 없이 자기가 느낀 것을 자유롭게 표현할 수 있기 때문이다. 감각을 통해 얻은 느낌이 한 사람의 마음속에 갇혀 있어서는 결코 창의적일 수 없다. 주관적이었던 느낌이 이미지로 소리로 표현되고, 감상하는 사람의 마음속에서 공명하여 새로운 느낌을 줄 때, 비로소 창의적인 작품이 되는 것이다. 오늘날 창의성을 키우기 위한 프로그램이 대부분 다양한 감각 기관을 동원하여 느끼고, 그 느낌을 다양한 매체를 통해 표현하는 활동을 포함하는 이유는 느낌과 표현 없이는 어떤 창의성도 불가능하기 때문이다.

다음으로, 인간은 호기심을 가진 존재이다. 그리스의 철학자 아리스토텔레스Aristoteles는 "모든 인간은 본성적으로 알고 싶어 한다"고 했다. 인간은 자신의 주위에 존재하는 사물과 현상을 당연한 것으로 지나치지 않고 그 사물과 현상에 놀라고 호기심을 갖는다. 동물도 번개와 산불과 홍수를 보지만, 그들에게는 그것들을 피하는 것만이 관심이다. 하지만 인간은 그 '놀라운' 사건에 호기심을 갖고 그런 현상의 이유를 생각하고 탐구한다. 이러한 호기심과 탐구는 창의성의 원천이자 인간 문명의 출발점이다. 호기심은 어린 시절 잠깐 나타났다 사라지는 것이 아니라, 나이 들고 늙어서까지 사라지지 않는다는 점에서 인간의 고유한 특성이다. 인간에게 호기심을 충족시키는 것은 다른 무엇보다 중요하다. 하늘의 별은 왜 빛나고, 달은 왜 작아졌다가 커지는가? 새는 어떻게 날 수 있는가? 인간이 새처럼 날 수는 없을까? 오늘날 외계인에게 보낼 신호를 품고서 태양계 너머 성간 우주를 탐사하고 있는 보이저호는 인간의 호기심이 얼마나 큰 열정을 낳으며, 창의성을 불어넣어 주는지를 보여 주는 실례이다. 자연과 사회의 사물과 현상에 대한 호기심이 없었다면, 고대의 아름다운 신화도, 오늘날의 눈부신 과학 기술도, 인류 문화의 발전도 없었을 것이다.

호기심을 갖고 탐구하는 인간의 특성은 곧 인문창의성의 특성이다. 인류사의 위대한 창의적 인물들은 주위에서 일어나는 일을 당연한 것으로 지나치지 않았다. 뉴턴은 사과가 떨어지는 현상에 호기심을 느끼고 그 이유를 탐구해서 근대 과학의 토대가 된 만유인력의 법칙을 확립했다. 평생 실험을 하지 않았다고 하는 아인슈타인이 상대성 이론을 생각해 낼 수 있었던 것은, 항상 타고 다니던 기차를 이용한 '사고 실험' 덕분이었다. 기차에 타고 있는 사람이 동전을 떨어뜨리면, 밖에서 보고 있는 사람에게는 어떻게 보일까 하는 호기심이 창의적 아이디어로 이어졌던 것이다. 노예의 해방이나 차별의 철폐와 같은 정치적 진보도, 처음에는 당연해 보이는 제도와 관행을 새로운 관점으로 바라보는 것에서 시작했다. 고정된 관념이 강요되고, 하나의 기준이 강요되는 사회에서, 따라서 호기심을 더 이상 허용하지 않는 사회에서 창의성이 꽃피울 수 없는 이유가 여기에 있다.

마지막으로, 인간은 이야기하고 소통하는 존재이다. 알래스데어 매킨타이어MacIntyre, Alasdair는 어떤 한 사람의 행동은 그가 살아가고 있는 이야기(내러티브, Narrative)를 통해서만 이해될 수 있다고 한다. 예를 들어, 하얼빈 역에서 이토 히로부미에게 총격을 가했던 안중근 의사의 행동은, 그의 전체 삶의 이야기와 그 이야기가 전개되는 우리 민족의 이야기를 떠나서 이해될 수 없다는 것이다. 이야기 속에는 많은 등장인물이 있고, 지금의 이야기는 과거의 이야기에서 이어져 미래의 이야기를 만들어 낸다. 또한 한 사람의 이야기는 다른 사람들의 이야기와 만나고 갈라지면서, 공동체의 이야기를 만들어 낸다. 따라서 하나의 사건은 하나의 의미만을 갖는 것이 아니라, 누구의 이야기 어떤 공동체의 이야기 안에서 일어났는지에 따라 다른 의미를 갖는다. 이야기는 객관적 사건의 연속이 아니라 의미의 연속이기 때문이다. 만남과 소통은 하나의 사건에 새로운 의미를 부여하여 새로운 이야기를 만들어 낸다. 도시화에 밀려 쇠락한 지방 소도시의 공간을 개화기 신문물의 호흡이 숨 쉬는 역사의 공간으로 변신시키는 힘은 이야기에 있다. 사람들은 누구나 이야기를 듣고 싶어 하고, 자기의 이야기를 만들고 싶어 한다. 그래서 지구 온난화와 탄소 배출 총량제에는 관심이 없는 사람도 집 잃은 북극곰의 이야기에는 마음이 움직이는 것이다. 북극곰의 이야기는 지구 온난화를 막기 위해 자기가 선택한 행동에 의미를 부여해 주기 때문이다.

인문창의성은 이야기를 통해서 다른 이야기와 만나고 소통하는 창의성이다. 예술가는 작품을 통해서 자기의 느낌과 가치를 이야기하고, 작품을 감상하는 사람은 예술가의 이야기 속에서 자기의 의미, 즉 이야기를 발견한다. 피카소Picasso, Pablo가 〈게르니카〉라는 작품을 통해 조국 스페인의 내전이 낳은 참상을 이야기하고 있다면, 오늘날 그의 작품을 보는 사람들은 피카소의 이야기를 자기의 이야기 안에 끌어들인다. 이렇게 피카소와의 소통이 이루어진다. 이야기는 하나의 의미로 고정되지 않기 때문에, 언제나 새롭게 이야기되고 여기에 창의성이 등장한다. 새로운 사회를 꿈꾸는 사람은 과거의 이야기를 새로운 이야기로 만들어 낸다. 평등한 사회를 꿈꾸는 사람은 역사 속에서 가난한 사람들의 이야기를 찾아내고, 억압된 계층의 이야기를 만들어 낸다. 새로운 과학 기술도 언제나 이야기를 만들어 낸다. 유전공학과 인공지능 기술이 나의 이야기, 우리의 이야기를 만들 수 없다면, 왜 그런 기술을 개발해야 하는지 알 수 없기 때문이다.

모든 창의성의 결과물은 인간의 특성을 드러낸다. 창의적 디자인이나 발명품은 인간의 필요를 충족시켜 편리함을 주는 것 외에도, 좋은 느낌을 주고 재미를 주고 호기심을 충족시켜 준다. 창의적 이론이나 사상은 사람들이 미처 보지 못했던 것을 보게 하고, 당연하게 생각한 것을 놀라운 눈으로 보게 한다. 따라서 가장 창의적인 것은 가장 인간적인 것이다.

표현과 탐구, 소통이 인문창의성의 특성이라고 해도, 이런 특성이 따로 있는 것은 아니다. 감각을 통해서 느끼고 표현하기 위해서는 사물에 대한 호기심과 탐구의 과정이 있어야 하고, 마찬가지로 탐구를 위해서는 보고 만지고 듣는 감각의 과정이 필요하다. 그리고 이런 과정들은 하나의 이야기가 되어 소통된다. 창의적인 예술 작품에는 예술가의 느낌과 표현, 사물과 현상에 대한 탐구, 예술가와 감상자가 만들어 가는 이야기가 있다. 이것은 과학도 다르지 않다. 만약 어떤 과학자가 창의적이라면 그는 분명 과학을 통해 자신의 느낌을 표현하고, 사물과 현상을 탐구하고, 새로운 과학의 이야기를 시작하기 때문이다. 창의성은 예술과 문학, 과학에 한정되지 않는다. 인간 삶의 터전인 정치적인 영역에도 창의성이 발휘된다. 1960년대의 인권 운동가 마틴 루터 킹 King, Martin Luther, Jr. 목사가 인종 차별이라는 현실을 깊게 탐구하고, 인종 차별 없는 사회의 모습을 꿈꾸지 않았다면, 그리고 그런 미래를 자기의 이야기로 만들어 내지 못했다면, 그의 유명한 연설 「나에게는 꿈이 있습니다」가 많은 사람의 마음을 움직일 수 없었을 것이다.

인문창의성은 표현과 탐구, 소통이 통합되어서 발휘되는 능력이므로, 각각을 따로 배우고 훈련하기는 어렵다. 많은 사람들이 창의성의 중요성을 강조하면서도, 정작 창의성을 키우는 방법을 뚜렷하게 제시하지 못하는 이유가 이것이다. 그렇다고 해서 창의성이 소수의 천재에게만 주어진 능력은 아니다. 특히 과학 기술이 논리적 문제 해결 영역에서 인간을 대신할 수 있게 된 4차 산업 혁명 시대에 요구되는 인문창의성은 더 많은 사람의 삶을 풍족하게 하는 창의성, 누구나 발휘할 수 있는 보편적 창의성이다. 과거에는 소수가 독점하고 있던 다양한 미디어를 오늘날에는 누구나 손쉽게 접근할 수 있게 되었다. 컴퓨터를 이용해서 누구나 손쉽게 그림을 그리고, 사진을 찍고, 음악을 편집하여 자신의 느낌과 이야기를 창의적으로 표현할 수 있게 되었다. 이제 중요한 것은 천재적인 재능이 아니라, 다양한 경험을 바탕으로 자기의 이야기, 혹은 가치를 만들어 내고 이것을 다양한 수단을 통해 자유롭게 표현하고 소통하는 능력이다. 따라서 이것이 창의성 교육의 출발점이 되어야 한다.

우리 안에 잠들어 있는 인문창의성을 깨우기 위해서는, 먼저 표현의 욕망을 깨워야 한다. 내 안에 있는 느낌을 표현할 수 있는 소재를 찾아내고, 이것들을 다양한 방식으로 연결하도록 시도해 보아야 한다. 어릴 때는 물감과 종이만 있으면, 하루 종일 즐겁게 지낼 수 있었다. 자기표현의 기쁨은 창의성의 원천이다. 다음으로, 호기심을 잃지 말아야 한다. 자신의 주위의 사물과 사건들을 당연하게 여기지 않고, 새로운 시각으로 바라볼 수 있어야 한다. 주변의 사소한 일들을 탐구하여, 이를 전혀 상관없어 보이는 것과 연결하면서 창의적 사고가 이루어진다. 많은 위대한 발명과 발견이 주변의 사소한 사건을 새롭게 바라보고, 연결하여 생각하는 것에서 출발했다. 그리고 이러한 표현과 탐구는 이야기를 가져야 한다. 이야기를 만들어 낸다는 것은 의미를 발견하는 것이고 가치를 드러내는 것이다. 다른 사람과 공동체에 영향을 주고, 변화시키기 위해서는 자기가 하고 있는 표현과 탐구의 의미와 가치를 이야기할 수 있어야 한다. 인문창의성은 자기 안에 갇힌 창의성이 아니라, 다른 사람과 함께 더 나은 가치를 추구하는 창의성, 우리의 가슴을 요동치게 하는 창의성이라야 한다.

Future Insighter

미래 통찰자

[

미래를 예측하는 가장 좋은 방법은 그것을 창조하는 것이다.

— 앨런 케이

]

시선과 관점

관찰은 시각 정보를 통해 인간이 세계와 마주하게 되는 가장 기본적인 행위이다. 사물이나 현상을 주의 깊게 살펴보는 것으로, 인간은 세계에 대한 정보를 획득하고 그것을 통해 자신의 사유를 구축한다. 그러나 동일한 대상이라 하더라도 관찰의 주체가 누구이며, 어떠한 입장에서 보고 있는지에 따라 대상에 대한 인식은 달라진다. 또한 관찰 대상을 '지금, 여기에' 한정하지 않고, 과거-현재-미래라는 시간의 흐름 속에 위치시켜 사유하는 것이 중요하다. 관찰 대상이 특정한 상황 맥락 속에 놓여 있음을 이해하고, 누가 어떠한 관점으로 보고 있느냐에 따라서 대상의 의미가 어떻게 달라지는지 주목해야 한다.

순간의 포착과 영원

Brand

Photo Collage
COLA
ENERGY

핵심 가이드

- 사진, 회화 등을 활용하여 새로운 의미를 담고 있는 이미지를 만들어 본다. 그림이나 직접 촬영한 사진 등을 활용할 수도 있다.
- 다양한 이미지 또는 일상의 소재들, 예를 들어 각종 인쇄물, 신문 잡지, 천, 사진 등 여러 가지를 붙여서 화면을 구성하는 콜라주(Collage) 기법을 활용해 본다. 원본 이미지를 차용하고 합성하여 창의적 의미를 생산해 내는 것이 가능하다.
- 전환적 시선, 맥락적 해석을 통해 프레임 너머 보이지 않는 것들을 창의적 시선으로 재해석해 낸다.

포토 콜라주 :

핵심 가이드

- 직접 찍은 사진이나 직접 그린 그림 중 인상적인 작품을 선택하여 다양한 관점으로 해석해 본다.
- 해석을 바탕으로 사진의 주제를 정리하고 제목을 뽑아 보자.
- 사진 속의 다양한 피사체를 재배치 또는 다른 피사체로 교체하거나 피사체까지의 거리, 촬영 시간, 필터 등에 변화를 주며 동일한 사진을 재촬영해 보자.
- 사진 작품에서 피사체와의 거리, 빛의 양 등에 변화를 주거나, 피사체 주변에 배치된 다른 피사체들을 바꾸어 보는 것만으로도 사진이 주는 의미가 변화될 수 있음을 이해하고, 전환적 사고를 통해 새로운 의미를 창출할 수 있음을 이해한다.
- 선정한 작품들과 같은 소재, 주제를 나의 상황, 관점, 태도 및 맥락을 반영하여 새롭게 표현해 보고 작품 해설을 작성한다.
- 재구성한 사진의 주제를 정리하고 제목을 뽑아 보자. 원본의 사진과 어떠한 부분에서 차이를 보이고 있는지 그 이유를 이해하는 것이 중요하다.

1 보여 주는 것: 프레임 안에 무엇을 담을 것인가?

자신이 직접 찍은 사진이나 직접 그린 그림 중 인상적인 작품을 선택하여 관찰한 후, 다음의 내용을 정리해 보자.

가. 작품 속에 배치된 피사체들은 무엇인지 적어 보자. 각각의 피사체는 무엇을 의미하고 있는가?
나. 작품에 표현된 나의 감정과 의도는 무엇인가? 나는 어떤 계기로 이 작품을 구상하게 되었는지 설명해 보자.
다. 지금 이 작품을 보고 있는 나의 느낌은 무엇인가? 어떠한 상황에 놓인 친구에게 추천하고 싶은가?
라. 이 작품이 만들어진 '지금, 여기는' 어떤 곳인가?

위에서 정리한 내용을 바탕으로 전혀 다른 의미의 사진으로 재구성해 보자. 이를 위해 피사체를 재배치하거나 다른 사물로 교체할 수 있다. 또 거리, 각도, 시간, 필터 등을 다양하게 변주할 수 있다.

선택 이미지	가	
	나	
	다	
	라	
작품의 주제		

▼

다시 구성한 이미지	가	
	나	
	다	
	라	
작품의 주제		

여기 데이비드 호크니Hockney, David의 작품 〈더 큰 첨벙〉이 있다. 호크니의 작품은 우리에게 무엇을 보여 주고 있을까? 우리는 간단한 관찰을 통해 화가가 우리에게 보여 주고 있는 대상과 그것에 대한 정보를 얻을 수 있다. 수평으로 분할된 캔버스에서는 정적인 건물과 두 그루의 야자수, 햇살에 비치고 있는 맞은편 건물 정도를 확인할 수 있다. 반대로 하단의 수영장 쪽에는 다이빙 보드가 대각선의 구도로 놓여 있고, 정적인 건물과 대비되는 역동적인 물보라가 보인다. 변화 없이 지속되는 건물의 시간과 달리, 물보라의 시간은 매우 순간적이며 역동적이다. 그런데 과연 이것이 전부일까? 시각적으로 제시되고 있는 사실만으로 회화 또는 사진 작품을 제대로 이해했다고 할 수 있을까?

호크니의 다른 작품들과 달리 이 작품에서는 사람이 보이지 않는다. 순간을 포착한 호크니의 이 작품에 사로잡혀 있는 동안, 우리는 물속에 뛰어들었을 것으로 추정되는 사람이나, 깊은 숨을 참고 있다가 이제 막 물 밖으로 솟아오를 사람에 대해 생각하기란 쉽지 않다. 이처럼 현실에 존재하는 대상이 캔버스 또는 카메라 렌즈를 통해 포착되어 세계로부터 분리되는 순간, 우리의 사고는 보이지 않는 프레임에 의해 제한을 받을 수밖에 없다. 그래서 회화 또는 사진을 통해 전달되는 정보를 파악하는 작업은 그리 간단한 일이 아니다. 어쩌면 우리는 이미지를 통해 있는 그대로 보고 있다고 믿고 있지만, 사실 보여 주는 대로 보는 경우가 대부분인지도 모른다.

사진과 같이 시각적으로 구성되는 이미지를 이해하기 위해서는, 먼저 사진 속에서 제시되고 있는 피사체가 어떤 의미를 지니고 있는지 아는 것이 중요하다. 그리고 각각의 기호와 다양한 상징들이 다른 피사체와 어떠한 연관 속에 놓여 있는지 파악해야 한다. 특히 그림 또는 사진은 언어의 지시적 기능만으로 전달하기 어려운 관념이나 사상, 감정, 내적 경험 등과 같은 추상적인 대상을 구체적인 형상물로 표현하고 있기 때문이다. 그래서 형, 색, 질감 등 화면을 구성하고 있는 표현과 기법, 화면 위에 그려진 사물처럼 표면적으로 인지되는 사실, 작품에 대한 직관적 인상만으로 예술 작품의 참된 면모를 파악하기 어렵다. 즉 작품의 의미를 이해하려면, 단순히 눈에 보이는 것, 표면적으로 드러나는 정보 이외에 작가의 내면세계를 응축시켜 보여 주고

데이비드 호크니, 〈더 큰 첨벙〉(1967)

있는 시각적 상징 등을 분별해 낼 수 있어야 한다는 의미다.

1994년 퓰리처상을 수상한 케빈 카터Carter, Kevin의 〈수단의 굶주린 소녀〉는, 굶주림으로 뼈만 앙상하게 남은 소녀와 소녀를 바라보고 있는 독수리를 함께 배치하는 것으로 남수단의 비참한 현실을 보여 주었다. 이 사진으로 케빈 카터는 '퓰리처상'을 수상하게 되었지만, 다른 한편으로 이 일은 보도 사진의 윤리성 문제를 전 세계에 알리는 계기가 되기도 했다. 케빈 카터의 바람대로 독수리가 날개를 펼치고 있는 모습과 함께 결합되었다면 사진이 전하고자 하는 메시지는 더 강렬했을지 모른다. 마찬가지로 독수리 대신 혹은 함께 어떤 피사체를 배치하느냐에 따라 사진의 의미는 전혀 달라질 수도 있다. 만약 독수리 대신 한 송이 꽃이 배치되어 있다고 가정해 보면 비참한 사진에 조금이라도 위로되지 않을까?

케빈 카터의 〈수단의 굶주린 소녀〉
https://en.wikipedia.org/wiki/The_vulture_and_the_little_girl

회화는 사진에 비해 현실을 있는 그대로 재현하는 작업이 더 어렵지만, 다양한 기법과 상징을 활용하여 작가의 의도를 보다 자유롭고 적극적으로 구현할 수 있다. 일례로 얀 반 에이크Eyck, Jan van의 〈아르놀피니 부부의 초상〉(1434)은 서양 미술사에서 여러 상징을 가장 풍부하고 복합적으로 사용한 작품으로 유명하다. 이 작품에서는 체리나무가 보이는 창, 샹들리에와 샹들리에 위에 꽂혀 있는 하나의 초, 예수의 수난 장면을 그려 넣은 볼록거울의 테두리 장식과 가구에 조각된 성상, 나뒹구는 오렌지와 두 인물의 고급스러운 의상, 잡고 있는 손, 그림 속 배경 등의 시각적 정보를 확인할 수 있다. 그런데 이렇게 표면적인 접근만으로는 이 회화 작품을 온전하게 감상했다고 할 수 없다.

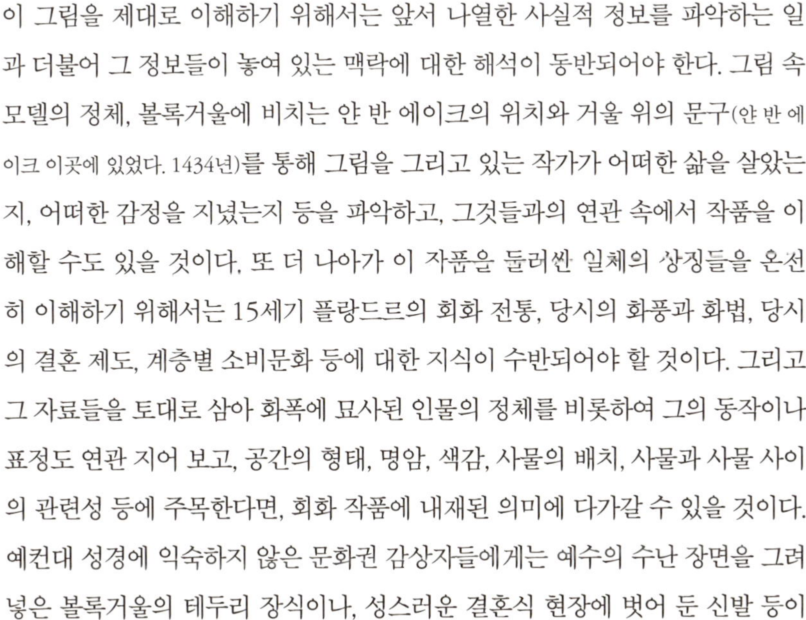

이 그림을 제대로 이해하기 위해서는 앞서 나열한 사실적 정보를 파악하는 일과 더불어 그 정보들이 놓여 있는 맥락에 대한 해석이 동반되어야 한다. 그림 속 모델의 정체, 볼록거울에 비치는 얀 반 에이크의 위치와 거울 위의 문구(얀 반 에이크 이곳에 있었다. 1434년)를 통해 그림을 그리고 있는 작가가 어떠한 삶을 살았는지, 어떠한 감정을 지녔는지 등을 파악하고, 그것들과의 연관 속에서 작품을 이해할 수도 있을 것이다. 또 더 나아가 이 작품을 둘러싼 일체의 상징들을 온전히 이해하기 위해서는 15세기 플랑드르의 회화 전통, 당시의 화풍과 화법, 당시의 결혼 제도, 계층별 소비문화 등에 대한 지식이 수반되어야 할 것이다. 그리고 그 자료들을 토대로 삼아 화폭에 묘사된 인물의 정체를 비롯하여 그의 동작이나 표정도 연관 지어 보고, 공간의 형태, 명암, 색감, 사물의 배치, 사물과 사물 사이의 관련성 등에 주목한다면, 회화 작품에 내재된 의미에 다가갈 수 있을 것이다. 예컨대 성경에 익숙하지 않은 문화권 감상자들에게는 예수의 수난 장면을 그려 넣은 볼록거울의 테두리 장식이나, 성스러운 결혼식 현장에 벗어 둔 신발 등이

얀 반 에이크, 〈아르놀피니 부부의 초상〉(1434)

다소 낯설게 보일지도 모른다. 이러한 감상자들은 화가의 주제 의식이나 의도와 동떨어진 해석을 가할 가능성이 크다. 따라서 개개인의 독창적인 해석 이전에 선행되어야 할 작품에 대한 올바른 지식 및 정보 검토의 중요성을 간과해서는 안 된다.

이러한 관점에서 문헌 조사를 수행한다면, 해당 작품이 15세기 무역과 상공업, 금융업의 발달로 경제 · 문화적 번영을 누렸던 지역과 밀접한 관련이 있고, 그곳에서 경제적 · 사회적으로 성공을 거둔 이탈리아 출신의 상인을 주요 인물로 내세우고 있으며, 결혼을 언약하는 부부의 전신을 묘사한 초상화이자 최초의 유화 작품이라는 사실을 알 수 있을 것이다. 그러나 이외에도 화면 위로 드러나는 인물의 손 위치와 동작, 의복의 종류, 배경이 된 화려한 장식품 등에도 내밀하게 다가가 보면 흥미로운 해석이 가능하다.

또 화가가 염두에 둔 의도나 주제를 수동적으로 받아들이는 단계를 넘어 감상자 역시 자신이 구축하는 의미 생성 단계에 적극적으로 참여한다면, 상호 이해의 안목 함양, 소통 기반 마련, 새로운 관점 창출 유도의 측면에서 작품 속 상징의 가치는 더욱 다채롭게 생동할 것이다.

한편 사진작가의 기획에 의해 만들어지는 오늘날의 사진들은 촬영 기술의 발달과 연출 방법의 다양화로, 다채로운 의미를 파생시키며 예술 작품으로서의 미적 효과를 획득하고 있다. 근대 이후 예술 작품은 특정한 기능이나 목적보다 개인의 주관적 견해나 감정을 표현하기 위한 영역으로 확장되었다. 사진 역시 단순히 어떤 목적을 위해 기능하던 도구의 차원에서 사진 그 자체로 가치를 지니는 예술의 차원으로 영역을 넓혀갔다. 사실을 기록하여 개인의 기억에서 공동체의 기억까지 확장하는 역할을 담당하기도 하지만, 우연성을 배제하고 작가의 기획된 의도에 따라 사진을 제작하기도 하는 것이다. 사진이 사실을 그대로 전달해 줄 것이라는 믿음을 통해 과거 회화의 자리를 대체할 수 있었다면, 오늘날처럼 멀티미디어 시대의 사진은 정보를 전달하는 역할에만 한정되지 않고, 한발 더 나아가 '유희로서의 이미지'로 소비되는 시대에 들어선 것이다.

작가의 의도와 목적에 의해 제작되면서 상업 사진과 예술 사진의 경계가 모호해지기도 했다. 일례로 전직 발레리노 출신의 박귀섭 작가는 무용수들이 역동적으로 움직이고 있는 몸에 주목한다.

일상의 관습적인 몸의 움직임을 넘어서는 무용수들의 움직임을 통해 사진을 연출하고 있다. 이때 작가의 연출에 의해 배치된 무용수들의 몸은 함께 배치된 피사체들과의 연관 속에서 다양한 의미를 생성하게 된다. 이미 문화적으로 형성된 다양한 기호와 복잡한 상징 체계의 연관 속에서 다양한 메시지를 산출할 수 있기 때문이다.

즉, 촬영자가 누구이며, 그는 무엇을 마주하고 있는지, 어디에서 어떤 상황에 놓여 있는지, 피사체와의 거리는 얼마나 되며, 피사체는 어떠한 사물과 함께 배치되어 있는지 등에 따라 의미를 만드는 것이 가능하다. 또한 함께 배치된 사물이 피사체와 얼마나 친연성(親緣性)을 가지고 있는지, 아니면 아무런 관련성이 없는 사물인지에 따라서도 친숙하거나 낯선 이미지를 만들어 낼 수 있다.

박귀섭, 〈project - SHADOW #2〉

관찰

관찰은 시각 정보를 통해 인간이 세계와 마주하게 되는 가장 기본적인 행위이다. 사물이나 현상을 주의 깊게 살펴보는 것으로, 인간은 세계에 대한 정보를 획득하고 그것을 통해 자신의 사유를 구축한다. 그러나 관찰은 단순히 시각적 경험에만 한정되지 않는다. 음식의 색감, 향기, 온도, 주변을 감싸는 분위기를 감지하는 것처럼 우리의 모든 감각을 동원하여 대상에 접근해 가는 것이다. 즉 눈앞의 대상을 스쳐 보내지 않고 그것에 오래도록 머물러 관찰할 때, 대상과 관련된 공감각적 정보를 떠올리거나 그 너머를 상상할 수 있는 창의적인 사고에 도달할 수 있는 것이다.

상상은 이렇게 신체를 통해 얻는 감각 정보에서부터 시작된다. 감각 정보는 그 자체로 생각이 될 수는 없고, 이들 감각 정보를 마음속으로 불러옴으로써 생각이 시작된다. 그래서 상상은 인간이 외부 세계를 생각하는 가장 원초적인 방식이다. 아직 언어 능력이 성인의 수준만큼 발달하지 않은 유아는 논리적으로 연결되지 않은 감각의 정보들로 이루어진 상상의 세계에 살고 있다고 볼 수 있다. 유아기의 아이들은 다양한 신체 감각을 이용해서 사물을 관찰한다. 보고, 듣고, 만지고, 맛보는 과정을 통해서 사물의 특성을 상상할 수 있게 되는 것이다. 눈에 보이는 것을 손으로 만지면서, 세계에 대한 지식을 형성해 간다. 이런 의미에서 어린아이들은 지칠 줄 모르는 관찰자다. 이런 관찰을 통한 상상의 경험은 창의성의 원천이 된다. 유럽의 교육기관들이 창의성을 길러 주기 위해 어린아이들의 감각 교육을 강조하는 것은 이 때문이다. 오로지 문자만으로 학습한 아이들보다 눈으로 보고, 손으로 만지고, 귀로 들으면서 학습한 아이들이 단지 문자로 학습한 아이들보다 훨씬 창의적이다.

상상력은 타고난 천재의 전유물도 아니고, 그렇다고 아무런 연고 없이 등장하는 신비로운 능력도 아니다. 그것은 감각의 대상을 몰입해서 관찰하는 과정 속에서 커지고 강해지는 능력이다. 그러므로 감각에서 시작하는 상상의 역량을 최대화하기 위해서는 보고, 듣고, 느끼는 다양한 감각을 통해서 이루어지는 관찰을 잘해야 한다.

이미지 해석

회화 작품은 대체로 창작자인 화가가 살아온 사회 · 문화적 토양 위에서 몸소 경험하고 사유한 기억들이 화면 위로 재현된 결과물이다. 따라서 그것은 화가의 삶과 밀접하게 연결되어 있고, 창작 대상에 대한 화가의 시선, 감정, 이해 등을 함축하기 마련이다. 그리고 이를 감상하는 우리 역시 역동적인 삶 속에서 학습되거나 축적된 기억을 자료로 삼아 작품을 만난다.

그림의 함의를 해석하는 일과 관련하여 서양의 미술사학자 파노프스키Panofsky, Erwin는 그림에 나타난 시각적 형상들을 일종의 문화적 상징으로 보았다. 그리하여 역사적, 사회적, 문화적, 종교적 측면에서 파악되는 고유의 특징들을 그림에서 읽어낼 때, 비로소 창작자인 화가가 표현하고자 한 내용과 의미에 근접하게 다가갈 수 있다고 주장하였다. 즉, 그림 작품에서 육안으로 감각되는 일체의 형상은 화가가 살았던 시대, 민족, 사상, 관습 등의 요소가 관계한 가운데 의식적 혹은 무의식적으로 드러난 것이므로, 그 심층에 내재된 상징적 의미를 해석할 필요성을 전한 것이다.

그에 앞서 동양에서 "형상을 세워 의미를 모두 드러낸다"[立象以盡意](「계사전」, 『주역』)고 한 것이나 위진 시대

화가 고개지(顧愷之)가 "형상으로 정신적 본질을 그려 낸다"[以形寫神]라고 하면서 회화에 대해 밝힌 견해들 역시 모두 형상화된 물상들 배후에 모종의 진실한 메시지가 숨어 있음을 엿보게 한다.

이러한 맥락에서 볼 때, 그림에 묘사된 형상은 비언어적인 산물이면서도 창작자와 감상자 사이에서 의사소통 기능을 수행하는 매개로 이해할 수 있다. 그리고 이는 창작자가 전하고자 하는 주제나 의미의 파악과 더불어, 감상자가 그것을 수용하는 과정에서 능동적으로 이끌어 내는 새로운 의미에 대해서도 고려하게 한다. 형상은 문자 언어로 표현할 수 없는 추상적 관념이나 내면의 메시지를 대신하기도 하므로, 그것이 감상자에게 어떠한 의미로 전달되고 재구성되는가에 대해서도 들여다볼 필요가 있다.

또 그 대상은 우리의 삶을 둘러싼 모든 물리적·심리적 경험이 응축된 작품들이 될 것이다. 따라서 창작자가 살았던 시대의 생활상을 담아 낸 경우를 비롯하여 종교나 사상, 의례, 신화 등과 관련된 창작자의 지향성에 따라 행복과 평안을 기원하는 마음을 기하학적인 문양 내지 특정 물상에 빗대어 그려 낸 경우까지도 포함될 수 있다. 화가가 회화 작품에 빚어 낸 상징적 함의는 그것을 수용하는 감상자의 실제적인 경험이 어우러진 해석과 만날 때, 무궁무진한 가치를 지닌 형상들로 거듭날 것이다. 이러한 이미지 해석은 시각적인 정보들을 넘어서 그것에 함축된 심층적 의미를 통찰하고, 그것을 감상자의 경험과 연결하는 종합적인 사고 역량이다.

핵심 가이드

- 각자 자신이 좋아하는 사진 또는 회화 작품을 선택한 후, 본문에서 설명하고 있는 스티븐 맥매너미의 작품을 참고하여, 선택한 사진 또는 회화 작품과 연결할 수 있는 또 다른 이미지를 준비한다.
- 프레임 밖으로 연결, 확장하려는 이미지는 의도를 가지고 기획하여 직접 촬영하는 것도 가능하다.
- 이미지 편집 툴을 사용하여 두 개의 이미지를 적절하게 결합하고, 제목을 붙여 보자. 또 해당 작품을 간략하게 소개하는 글을 작성해 본다.
- 여기에서는 프레임 안에 담긴 의미들이 어떻게 창의적으로 확장되며 프레임 밖으로 연결되는지 이해하는 것이 중요하다.

2 보아야 하는 것: 프레임 밖으로 창의적으로 확장하기

각자 자신이 좋아하는 사진 또는 회화 작품 하나를 선택하여 준비하자. 본문에서 설명하고 있는 스티븐 맥매너미McMennamy, Stephen의 사진이나 데이비드 호크니Hockney, David의 포토 콜라주 작품과 같이 자신이 선택한 사진 또는 회화의 프레임 밖으로 확장하여 재구성해 보자. 완성된 작품에는 제목을 붙여 보고, 해당 작품을 간략하게 소개하는 글을 써 보자.

오늘날 많은 사람들이 예쁜 카페나 맛있는 식당을 찾아 카페의 정경이나 음식 사진을 찍어 SNS에 올린다. 또한 그러한 이미지로 전달되는 정보 검색을 통해 해당 장소를 찾아 방문하기도 한다. 우리는 무언가를 촬영할 때 피사체를 클로즈업하여 부각시키기도 하고, 전체적인 분위기 속에서 피사체를 담기도 한다. 즉 우리는 이미 사진을 통해 자신이 보여 주고 싶은 부분을 강조하여 전달하거나, 가장 이상적인 상황에 대한 욕망을 드러내는 일에 익숙하다. 이처럼 자기만의 주제를 정해 통일성 있는 이미지로 구축한 SNS는 그것 자체만으로도 하나의 의미 있는 콘텐츠가 되기도 하고, 정보 이용 가치를 지닌 근사한 데이터 제공처가 되기도 한다. 그러나 우리는 그렇게 구축된 SNS 속의 모습들이 현실과 얼마나 거리가 있는지 쉽게 인식하지 못한다. 그래서 막상 현장에 방문했을 때에는 사진 속의 정보와 일치하지 않아 실망하는 경우도 종종 경험한다. 이렇게 볼 때, '사진을 찍는 행위'는 우리로 하여금 주어진 환경을 벗어나 또 다른 시공간으로 나아가게 만드는 작업이기도 하다. 때로는 특정한 의도를 가지고 촬영을 함으로써 내가 처한 현실을 변형하고 그것에 새로운 가치를 부여할 수 있기 때문이다. 그러므로 우리는 사진 속에 담긴 완벽한 가상의 모습에만 머무르기보다는 프레임 밖으로 이어지는 현실의 모습도 상상할 수 있어야 한다.

이와 관련하여 아트 디렉터 스티븐 맥매너미McMennamy, Stephen의 작업 사례는 특히 주목할 만하다. 그의 작업은 기존의 이미지를 적극적으로 해체하고 변형시켜 기존의 그것과 전혀 다른 새로운 의미를 창조한다. 그뿐만 아니라 이렇게 생산된 작품은 인스타그램이나 텀블러 등의 SNS 플랫폼을 통해 대중적인 화제를 모으고 있다. 누구나 쉽게 알 수 있는 서로 다른 이미지를 결합시켜 재미있는 놀이로 소비되기도 하고, 사안에 따라서는 강력한 메시지를 산출하기도 하는 것이다. 이러한 작업은 우리에게 주어진 이미지를 해석하고 전달하는 차원에서 한걸음 더 나아가도록 이끄는 창의적인 행위라 할 수 있다. 그뿐만 아니라 새로운 가치를 공동체 내에 재구축하는 일이기도 하다. 그러므로 각각의 이미지들이 프레임 안에서 구축하고 있는 의미를 해석하는 일도 중요하지만, 서로 다른 각각의 이미지들이 상호 결합하여 새로운 모습으로 형상화되었을 때, 그것은 또 어떠한 의미로 공동체 구성원들에게 다가가는지 살펴보는 일도 중요하다.

특정 이미지에 묶이지 않고 자유로운 상상을 전개하는 이와 같은 작업을 위해서는 평소 주위의 사물에 대한 섬세한 관찰이 선행되어야 한다. 아울러 연관성이 없어 보이는 두 대상을 찾아 자유롭게 해체하고 연결해 보는 유연한 상상의 습관이 필요하다.

스티븐 맥매너미의 사진 작업
https://www.instagram.com/combophoto

한편, 우리가 화가로 알고 있는 데이비드 호크니의 포토 콜라주 역시 이미지의 해체와 결합을 통해 새로운 의미를 제시하고 있는 실험적인 작품이라 할 수 있다. 앞에서 살펴본 바와 같이 호크니는 강렬한 색감을 지닌 회화로도 유명하지만 새로운 매체로서 사진이 가지고 있는 특징에 주목하여 다양한 작품을 시도했다. 특히 우리는 그의 포토 콜라주에서 얼핏 피카소의 입체주의 작품을 떠올리기도 하고 실제 감상자의 시선에 따라 초점이 움직이는 세잔의 정물화를 연상하기도 한다. 사실 대상을 바라보는 인간의 시선은 원근법의 소실점과 같이 단 하나의 점에 정확하게 고정되지 않는다. 왜냐하면 우리 인간은 두 개의 눈으로 대상을 인식하기 때문에 우리의 시선은 자유롭게 초점을 이동시키며 대상을 관찰한다. 그런 이유 때문인지, 호크니는 동일한 대상을 관찰하면서도 초점의 위치를 옮겨가며 다양한 각도에서 사진을 촬영하고, 촬영한 사진을 결합하여 통합된 하나의 이미지를 만들어 내고 있다. 이처럼 우리에게 제시되고 있는 이미지를 자유롭게 연결하며 새로운 이미지를 구성해 내는 것이다. 그러나 이러한 이미지의 창조적 변형이 의미를 지니려면 공동체의 가치를 구현하고 공감할 수 있어야 한다. 왜냐하면 창의적인 상상이라는 것이 공동체의 맥락으로부터 완전히 독립되어 별개의 것으로 존재한다는 의미는 아니기 때문이다.

앞서 설명한 바와 같이 사진은 대상을 있는 그대로 기록하여, 현장의 참모습을 보여 준다. 그 참모습을 오롯이 드러내기 위해서는 현장에 깊숙이 들어가야 하고, 피사체에 가까이 다가서야 하는 것은 당연한 일이다. “당신의 사진이 만족스럽지 않다면, 그것은 너무 멀리서 찍었기 때문”이라는 로버트 카파의 진술은 그의 종군 기자로서의 책임, 사진에 대한 윤리적 태도를 보여 준다고 할 수 있다. 피사체가 놓여 있는 시공간의 좌표에 사진 기록자가 함께 거주할 때, 실제 벌어지고 있는 사건이나 관련 대상이 지닌 참된 의미에 가까이 다가설 수 있기 때문이다.

또 사진은 일차적으로 프레임 속에 포착된 객관적인 사실을 통해 피사체에 대한 정보를 전달해 주기도 하지만, 한편으로는 프레임 바깥에 담긴 무수한 정보에 대한 상상을 전개시키기도 한다.

David Hockney, "Mum" 1988 - 1989, Oil on canvas, 16 1/2 x 10 1/2"
© David Hockney, Photo Credit: Richard Schmidt Collection
The David Hockney Foundation

데이비드 호크니, 〈엄마〉(1988~1989)

David Hockney, "Mother I, Yorkshire Moors, August 1985"
Photographic collage, 18 1/2 x 13"
© David Hockney, Photo Credit: Richard Schmidt

데이비드 호크니, 〈어머니 I〉(1985)

즉 프레임 바깥에서 피사체를 바라보고 있는 시선은 누구의 것인지 또는 피사체를 대상화하고 있는 시선은 누구의 시선을 대변하고 있는지를 이해하는 것도 눈에 보이는 프레임 속 정보만큼이나 대상을 이해하는데 필요한 단서에 해당된다. 이때 사진 속의 구체적인 대상은 육안으로 관찰되는 정보이지만, 사진 밖에서 사진을 향하고 있는 우리의 시선은 보다 명민한 사유의 과정을 통해서만 해석이 가능하다. 이를 통해 사진 속의 피사체가 어떠한 상황 맥락에 놓여 있는지, 한 장의 사진이 놓여 있는 시간 또는 공간의 지평을 확장시켜 보는 것이 중요하다.

도로시아 랭Lange, Dorothea은 대공황기 미국의 현실 문제에 주목한 사진작가로 유명하다. 그녀는 주제를 함부로 바꾸거나 주제를 부각시키기 위해 피사체를 적당히 조작하는 것을 철저하게 배척한다. 무엇보다 피사체를 환경의 일부로 이해하고, 대상을 과거와 현재라는 흐름 속에서 위치시켜 이해하는 것을 중요하게 생각했다. 무료 급식소에 줄을 서 있는 사람들이나, 일자리를 찾아 떠도는 실업자들의 비참한 삶, 여기저기 거처를 떠도는 이주자들의 삶을 통해 당시 미국의 현실을 보여 주면서 많은 사람들에게 공동체의 현실에 주목하게 했다. 현실의 모습을 있는 그대로 보여 주는 것으로써 다른 구성원들이 그들의 삶에 공감할 수 있게 한 것이다. 특히 그녀의 대표작 〈이주 노동자 어머니〉(1936)는 아이들이 기대고 있는 이주 노동자 어머니의 표정을 통해 대공황기 미국 사회의 모습을 여실히 보여 주고 있다. 다시 말해 피사체가 놓여 있는 현실을 사진의 프레임 밖으로 꺼낼 수 있을 때, 우리는 비로소 사진이 우리에게 보여 주고 있는 것을 넘어 공동체의 구성원으로 우리가 '보아야 하는 것'을 발견할 수 있게 되는 것이다.

이러한 상황에서 우리는 무엇을 보고 있는 것일까? 또 무엇을 보아야 하는 것일까? 사진을 통해 피사체가 처해 있는 '진짜' 모습을 파악하는 것이 가능할까? 그래서 우리가 사진을 통해 얻는 감동은 피사체로부터 얻는 수동적인 정서라기보다, 진실을 향해 가는 과정에서 느끼는 긴장과 인간의 고뇌로부터 오는 역동적인 감정이 아닐까? 현실을 정확하게 진단하고 미래에 대해 보다 적극적인 희망을 가질 때, 우리의 상상은 공동체 내에서 더욱 원대한 가치로 거듭나게 될 것이다.

도로시아 랭, 〈이주 노동자 어머니〉(1936)

상상

우리는 '생각'이 머리에 떠오른다고 표현한다. 이때 떠오른 이미지를 '표상'이라고 하는데, 이는 외부 현실에 존재하는 것이 나의 생각 속으로 들어온 것에 해당한다. 표상이 구축되는 이 과정은 개념적 사고를 거치기 전 단계에 속한다. 언어적 개념의 도움을 받지 않고서 시각이나 청각, 촉각 등의 감각으로 수용된 이미지로 생각을 전개하는 것은 '상상'이다. 상상(Imagination)이라는 단어가 이미지(Image)를 어원으로 하는 것은 이런 이유 때문이다. 우리는 고양이를 생각할 때, 시각이나 촉각과 같은 감각을 통해서 경험한 고양이의 이미지를 떠올릴 수 있다. 이 이미지는 구체적이고 개별적이지만, 나의 상상 속에서 바깥에 존재하는 고양이를 대신하고 있다. 상상은 주관적이고 개별적이어서 동일한 경험에서 얻은 이미지라도 사람마다 다를 수 있다. 어린 시절 어머니가 만들어 준 과자의 달콤함은 무엇이라고 표현할 수 없지만, 우리는 각자 경험한 그때의 느낌을 떠올릴 수 있다. 어떤 하나의 사물을 사람마다 다르게 생각할 수 있는 것은 이러한 상상의 힘 때문이다.

사르트르Sartr, Jean-Paul는 세계 안에서 누리는 인간의 자유는 우리 앞에 주어진 것을 보는 능력에 있을 뿐 아니라 대안적 미래를 볼 수 있는 능력에 있다고 했다. 메리 워녹Warnock, Mary은 사르트르의 이 말에 대해, 사물을 다른 방식으로 보는 능력과 존재하지 않는 미래에 대한 이미지를 형성하는 능력은 상상력과 같은 것이라고 설명했다. 그래서 상상은 '실제로 있는 것'을 지각하는 능력에 대립하는 것이 아니라, 그것을 확장하는 것이다. 상상은 다른 세계를 건설하기 위한 우리의 노력을 지지하는 발판이 된다. 1960년대의 인권 운동가 마틴 루터킹King, Martin Luther, Jr.목사는 「나에게 꿈이 있습니다」라는 연설로 유명하다. 그 연설에서 인종 차별이 없는 세상에 대한 킹 목사의 꿈은 '흑인 아이와 백인 아이가 골목에서 같이 뛰어 노는 세상'이라는 상상의 이미지로 표현되고 있다. 무엇이라고 명확하게 표현할 수 없지만, 마음속에 이미지로 떠오르는 생각이 창의성의 원천이 된다. 흑인과 백인이 전혀 다른 인간으로 차별받는 사회에서 태어나고 성장한 사람이, 인종 차별이 없는 사회를 머릿속에 그린다면, 그런 사회의 어떤 한 장면을 이미지로 그릴 수밖에 없을 것이다. 이렇게 현실에 없는 것, 불가능해 보이는 세계를 상상할 때, 우리는 '꿈꾼다'고 한다. 이런 꿈꾸는 상상은 모든 창의성의 원천이 된다.

전환적 시선

우리는 사진 속의 피사체를 접할 때, 그것이 피사체에 대한 사실의 기록이라고 믿는 경향이 있다. 내가 경험한 것, 감각적으로 인식한 것, 지금 눈에 보이는 것이 대상과 관련된 전부라고 믿기 때문이다. 그러나 사진에는 우리 눈에 보이는 것 이외에도 다양한 정보들이 내재되어 있다. 사실, 우리가 경험하는 세계에는 프레임이 존재하지 않기 때문에 의식적으로 보려 하지 않으면 우리의 사고를 특정 관점에 한정 짓는 프레임을 인지하는 것이 쉬운 일이 아니다.

반대로 우리가 사진을 찍을 때에도 우리 자신이 선택한 피사체를 우리 스스로 만든 가상의 프레임 속에 한정하여 사진에 담아내고 있음을 자각하는 것이 중요하다. 이를 이해한다면 우리가 살고 있는 세계의 우연적 요소를 배제하고, 자신의 의도와 목적에 맞게 피사체를 배치하여 창의적인 의미를 산출하는 것이 가능해진다. 이처럼 눈에 보이는 것에만 익숙해 온 관습적 시선과 편협한 사고에서 벗어나 사진으로 보여 줄 수 있는 새로운 프레임을 포착해 낼 필요가 있다. 이로써 우리 각자가 드러내고 싶은 것을 자유롭게 사진에 담아내기 위해서는 보다 새로운 사고의 과정이 필요하다. 기존의 관점을 정반대의 관점에서 사유해 보는 '비틀어 보기', '다르게 보기', '낯선 국면 포착하기', '질문을 통해 상상하기' 등이 그 대표적 사례라 할 수 있다.

이를 위해, 카메라와 렌즈의 특성을 활용해 피사체와의 거리, 빛의 양 등에 변화를 주거나, 피사체 주변에 배치된 다른 피사체들을 바꾸어 보는 것만으로도 사진이 주는 의미는 달라질 것이다. 이처럼 기존의 관습적 시선을 통해 보이는 그대로를 수용하는 것이 아니라, 보여 주고자 하는 의도와 목적에 맞는 새로운 이미지를 프레임 안에 담아내기 위해서는 남들이 보지 못하는 것을 볼 수 있는 전환적 시선과 사유가 필요하다.

슈필라움 Spielraum

사전적으로는 생활의 여유 공간을 의미하지만, 생각의 쉼, 여지, 틈, 휴식 공간 등으로 일컫는 단어이다. 슈필(Spiel)은 놀이와 유희로 해석되기도 한다. 이 장에서 슈필라움은 규범으로 짜인 일상을 벗어난 상상의 놀이와 여유 공간을 의미한다. 슈필라움은 자신이 생각하는 삶의 의미와 꿈을 담은 미래의 공간이자, 일상의 쉼표를 의미하는 상상의 공간이다.

우리가 디자인하는 방식에 영향을 준 25개의 방(The 25 rooms that influence the way we design)
https://www.nytimes.com/2019/12/09/t-magazine/25-rooms-influence-design.html

슈필라움 디자인

Spielraum

핵심 가이드

- 놀이 공간, 작업장, 안식처 등 콘셉트를 설정하여 자신만의 슈필라움을 구현한다.
- 공간을 실제적이고 효과적으로 표현하기 위하여 커브드 스크린(curved screen) 등을 활용해 3차원으로 표현한다. 슈필라움이 자신에게 주는 의미에 주목하여 강조점을 두는 구도를 창안해도 좋다. 위에서 제시한 스케치는 하나의 샘플이며, 각자 자신의 콘셉트에 맞게 CG, 그림, 사진 합성, 파워포인트 등의 형식을 자유롭게 선택하여 작업한다.
- 슈필라움의 구성과 의미를 소개하는 글을 첨부한다. 스토리텔링과 함께 자신이 선택한 구도와 배치에 대해서도 상세히 소개한다.

슈필라움

핵심 가이드

- 슈필라움을 지을 장소를 선정하는 단계이다.
- 슈필라움에 대하여 최대한 구체적으로 구상한 후, 그것에 적합한 장소를 선정한다.
- 정확한 지명이나 위치를 정할 수 없는 장소이거나 현실에는 아직 존재하지 않는 가상 공간이라면 최대한 구체적으로 상상해 본다. 현실의 장소이든 가상의 공간이든 슈필라움과의 조화를 고려하여야 한다.
- 이 단계에서는 슈필라움과 그것이 지어질 장소의 스토리텔링을 융합하는 것이 가장 중요하다.
- 본 활동을 통해 열린 공간의 구조 및 관계에 대한 이해와 슈필라움의 서사화가 이루어진다.

1 나의 공간: 창에는 무엇이 보일까?

슈필라움 짓기는 나와 내 삶의 공간을 이어 주는 이야기를 만들면서 시작된다. 이는 또한 열린 공간들의 구조와 관계를 파악하고, 하나의 공간과 주변 환경과의 관계를 이해하는 활동이기도 하다. 자신의 슈필라움에 대하여 '대략적으로' 구상해 보자. 자신의 꿈을 실현할 작업장이나 자신의 마음을 치유해 줄 여유 공간 혹은 문화적 소양을 자극하는 놀이 공간 등 자신만의 슈필라움이 어떤 목적과 의미를 담을 공간인지 구상하면서 콘셉트를 설정하고 이름을 정해 보자.

슈필라움의 목적과 의미를 고려하면서 그것을 어떤 곳에 지을지 선정해 보자. 구체적인 위치 혹은 지명을 지정하거나, 새롭게 구상한 가상의 공간을 구체적으로 상상해 보자. 슈필라움을 그 장소에 짓는 것은 어떤 의미를 지니는가?

나의 슈필라움 고유의 이야기

슈필라움 위치 선정

슈필라움이 위치한 장소의 이야기

우리가 살고 있는 세계는 목적 없이 움직이는 것을 허용하지 않는다. 우리의 공간을 점유하고 있는 기표들은 효율성과 생산성 증대에 특화되어 세계를 구성하고, 분위기를 형성하며 그 내부에 거주하는 구성원들의 삶의 방식을 창출한다. 최단거리의 동선으로 움직여야 하고, 최대한 많은 것을 수용해야 하기에 그것 자체로 의미를 지니는 잉여 공간을 상상하기 쉽지 않다.

그럼에도 사람들은 누구나 자신만의 잉여 공간을 상상한다. 옥스포드 사전에 따르면 상상이란 "현재 감각기관을 자극하고 있지 않은 대상이나 사건 또는 개념에 상응하는 표상을 마음속에 구축하는 정신작업"으로 정의된다. 국립국어원의 표준국어대사전에서도 상상은 외부 자극에 의하지 않고 기억된 생각이나 새로운 심상을 떠올리는 일을 가리키고 있다. 결국 눈앞에 존재하지 않는 대상이나 벌어지지 않은 사건에 대한 생각과 연결된다면 그것은 무엇이든 상상이 될 수 있다. 사실 상상력은 그 대상이 우리가 지금까지 한 번도 경험해 본 적이 없는, 심지어 이 세상에 존재하지 않는 것일 수도 있다는 데에서 그 가치가 발견된다.

따라서 우리가 슈필라움을 상상한다는 것은 현재에는 부재하지만 온전히 나만을 위한 공간을 떠올리는 일이라고 할 수 있다. 그리고 이러한 과정을 통해 그것이 자신의 꿈을 이룰 작업장이든, 몸과 마음을 재충전할 휴식 공간이든 자신만의 공간에서 인간은 새로운 삶의 의미와 가치를 발견할 수 있을 것이다. 온전히 나에게 몰입하여 현재를 충만하게 가꾸어 갈 수 있는 공간, 일상의 규칙으로 조직화된 공간에서 나만의 고유함을 드러낼 수 있는 맥락으로 재구성된 공간이 나의 슈필라움이 되길 원한다.

오직 자신에게만 몰두할 수 있는 공간을 상상하고 그 공간을 구성하는 것은 언어만으로는 표현할 수 없는 인간의 입체적 사고를 자극하는 활동이다. 왜냐하면 인간의 많은 생각은 언어나 개념이 아니라 이미지나 움직임으로 이루어지기 때문이다. "오늘 무슨 옷을 입을까?"라는 생각을 하면서, "어떻게 하면 가구에 흠집이 나지 않게 옮길 수 있을까?"를 고민하면서 우리의 머릿속에서는 다양한 감각적 이미지가 구현되고 역동적으로 변형된다. 이렇게 언어적 접근이 어려운 감각적이고 입체적이고 관계적인 사고를 자유롭게 구현하면서 우리는 사고의 폭을 넓히고 사고의 유연성을 증가시킬 수 있다. 또한 자신의 생각 속에 담긴 다양한 정보들에 새로운 연결을 형성하여 재구성과 상상이라는 사고의 도약을 가능하게 한다. 어떤 물체나 공간에 대하여 감각으로 기억했던 경험, 돌연 떠오르고 펼쳐지는 직관, 자신의 자유로운 감성과 활동을 융합하여 자신만의 슈필라움을 창조한다.

오래된 슈필라움이면서 공간에 대한 입체적 사고와 주변 환경과의 관계적 사고를 훌륭하게 구현한 공간의 전형으로 전라남도 담양의 원림(園林) 소쇄원(瀟灑園)이 있다. 소쇄원에는 양산보가 어린 시절 우연히 본 깊은 계곡을 잊지 못해, 사화로 낙향한 후에 자연 속에서 글 읽으며 늙어가기 위해 지었다는 이야기가 남아 있다. 그리고 소쇄원의 곳곳에는 양산보가 자손들에게 "돌 하나 계곡 한 구석도 상하지 않게 하라"고 신신당부한 그의 마음이 깃들어 있다. 소쇄원은 어린 시절 양산보가 놀았었던 계곡 가운데 작은 폭포를 중심으로 글 읽는 제월당과 쉼터인 광풍각, 돌담 등이 둘러싸 있다. 오랜 세월 전란과 공사로 우여곡절을 겪었지만 소쇄원 공간의 하나하나에 자연 속에서 자연과 함께 늙어가고 싶은 그의 바람이 고스란히 표현되어 있다. 그가 만든 못은 계곡의 흐름을 거스르지 않았으며, 그가 쌓은 돌담은 산자락의 선을 그대로 이었고 돌담 밑으로 개울물이 흐르도록 자연의 숨을 틔워 주었다. 광풍각의 작은 방은 겨울에도 온기를 담도록 아늑하게 설계되었고, 마루를 사방으로 둘러 시원한 여름 그늘을 만들었다. 이렇게 옛 선비들은 인간과 자연이 함께 살 수 있는 슈필라움을 꿈꿨다. 서재에서 종종 보이는 낮은 창문을 통해 선비들은 책상 앞에서 글을 읽다가 잠시 눈을 돌려 자연을 접할 수 있었다. 그보다 아름답고 다채로운 벽면 디자인이 있을 수 있을까. 그보다 조화로운 내부와 외부 공간의 소통이 있을 수 있을까.

전남 담양에 소재한 원림 소쇄원

입체적 사고

주어진 사태를 인식할 때, 보통 사람들은 자신의 이해와 관심에 따라 하나의 시선으로 보는 데 익숙하다. 하지만 창의적인 사람은 다양한 관심과 시선으로 사태를 봄으로써 사태를 좀 더 객관적이고 입체적으로 해석할 줄 안다. 입체적 사고는 주어진 사태에 대해 그 원인과 결과, 이유와 의도, 목적 등 그것과 관련된 모든 사람과 사물, 관계를 고려함으로써 다양하고 복잡한 연관 관계 속에서 종합적으로 사고하는 것이다. 주어진 사태를 입체적으로 사고한다는 것은 한 사태를 그것들이 연관된 총체 속에서 파악하는 것으로 사태의 의미와 가치를 총체적으로 파악하는 것을 말한다.

입체적 사고 능력은 코넬대의 로버트 스턴버그Sternberg, Robert J. 교수가 말한 맥락 지능과 유사하다. 맥락 지능은 서로 다른 맥락 사이를 효과적으로 오갈 수 있는 역량, 새로운 상황을 읽어내고 예측하고 단편적 사실에서 무엇인가를 읽어낼 수 있는 입체적 능력을 가리키는데, 생각하는 시대에 경쟁력 있는 인간이 갖추어야 할 필수적 능력이다.

관계적 사고

관계란 "둘 또는 그 이상의 사람 또는 사물이 연결되는 방식 또는 다른 것과 관련된 사물의 영향"으로 정의되는데, 사물을 관계적으로 이해한다는 말은 사물이 서로 연결되는 공간을 관계적으로 이해한다는 뜻이다. 다시 말해, 공간을 인간과 인간, 사물과 사물, 인간과 사물과의 관계 속에서 이해하고 의미와 가치를 부여한다는 것이다. 우리는 공간과 지리에 관계적으로 접근함으로써 공간을 우리와의 관계 속에서 이해하고, 우리 자신을 공간과 지리의 연관 속에 자리하게 할 수 있다. 관계적 사고는 지리학에서는 관계적 지리(Relational Geography)라고 하는데, 관계적 사고는 다음의 두 가지 가정에 기초한다. 첫째, 공간은 사물들 사이의 관계로 정의되어야 하며, 둘째, 어떠한 사물이라도 선험적 정의를 갖거나 고정된 관계로 존재하는 것은 없다. 따라서 관계적 사고란 사물의 의미를 다른 사물과의 관계에서 이해하는 것이다.

핵심 가이드

- 현실 공간에 대한 모델링을 통해 슈필라움 구상을 구체화한다.
- 슈필라움의 목적, 구조, 환경 등의 영역을 구분하고 현실의 공간들을 모델로 삼아 자신의 공간 구성을 준비한다.
- 이 단계의 가장 중요한 목적은 다양한 관점에서의 모델링을 통해 슈필라움이 상상의 창조물이면서도 구체성과 심미성을 충분히 갖출 수 있도록 하는 것이다.
- 본 활동을 통하여 공간에 대한 분석력을 훈련하고, 슈필라움 내부의 구성, 내부와 외부의 조화 등 슈필라움의 특징과 장점을 구체화하는 단계로 진입한다.

2 슈필라움: 공간으로 구현된 나의 꿈, 나의 미래

새로운 공간을 상상하고 만들기 위해 참고할 만한 모델을 골라 분석하여 슈필라움이 놀이 공간으로서의 의미와 심미적 감성을 지닐 수 있도록 한다. 공간 구조물의 목적, 구조, 환경 등의 관점에서 자신의 슈필라움에 모델링할 수 있는 유사 공간들을 찾아보자.

— 목적

모델 이름	분석 내용
	■ 모델의 목적이 무엇인가? ■ 모델은 어떻게 목적을 구현했는가? ■ 모델의 내부 공간 활용이 목적에 부합하는가? ■ 모델의 외부 형태가 목적을 잘 표현하는가?

— 구조

모델 이름	분석 내용
	■ 모델은 어떤 구조로 되어 있으며 그 특징은 무엇인가? ■ 모델의 구조의 장점과 단점은 무엇인가? ■ 모델의 내부 구조와 외부 형태는 어떤 조화를 이루고 있는가?

— 환경

모델 이름	분석 내용
	■ 모델은 어떤 장소에 있는가? 그 주변 환경에 대하여 구체적으로 묘사해 보자. ■ 모델의 목적과 주변 환경은 어울리는가? ■ 모델의 외부 형태와 주변 환경은 어떻게 이어져 있는가? ■ 모델과 주변 환경은 어떤 조화를 이루고 있는가?

— 기타

모델 이름	분석 내용

모델링을 통해 자신의 슈필라움이 어떻게 구체화되었는지 정리해 보자.

콘셉트	구현 내용
(예시) 소리가 없는 공간	고요한 바다 수면을 향해 낮게 열린 창

현실 공간에 대한 모델링을 통해 구체적인 슈필라움의 의미를 표현하기 위해서는 슈필라움의 내부와 외부에 대한 조화로운 설계가 필요하다. 즉, 슈필라움의 내부는 그 의미와 가치가 집약되어 표현되는 공간이면서 외부와의 관계 속에서 맥락화되는 공간이다.

인상파 화가 세잔의 작업실

세잔, 〈생트 빅투아르 산과 아크리버벨리 다리〉

왼쪽 그림은 폴 세잔Cézanne, Paul이 말년에 사용했던 작업실이다. 세잔이 1901년에 자신의 고향인 프랑스 남부의 액상 프로방스(Aix-en Provence)에 지은 것이다. 세잔은 말년에 엑스의 북쪽 언덕에 땅을 구입하여 아담한 집을 지어 스튜디오로 사용했다. 북으로 난 창문을 통해 빛이 들어오는 이 공간이 세잔이 말년에 머물며 작업했던 곳이다. 세잔은 매일 아침 5시 30분에 일어나 그의 집에서 작업실까지 1.2킬로미터 정도 트레킹을 했다. 세잔은 레 로브 언덕에 위치한 이 작업실 안에서 혹은 언덕에 올라 그림을 그렸다고 한다.

세잔은 평생의 대부분을 액상 프로방스라는 작은 고향 마을에서 보냈다. 어린 시절 친구였던 에밀 졸라의 권유에 못 이겨 한때 파리로 유학을 떠나기도 했다. 하지만 아버지의 반대를 무릅쓰고 강행했던 유학 생활에 세잔은 적응하지 못했으며, 이내 고향으로 다시 내려왔다. 파리 등을 오가기는 했지만 많은 시간을 고향인 액상 프로방스에서 보냈으며, 고향 마을의 풍경과 정물들 속에서 자신의 길을 걸었다.

오른쪽 그림은 세잔이 가장 많이 그린 생트 빅투아르 산이다. 이 산은 세잔의 유화 44점과 수채화 43점에 등장한다. 이 산의 풍경을 세잔은 가장 많이 시도했으며, 오랜 기간 반복적으로 그렸다. 세잔의 작업실에서 한 시간 가량 언덕을 걸어 올라가면 저 멀리 이 산의 풍경이 펼쳐진다고 한다. 쿠르베Courbet, Jean-Désiré Gustave가 자신이 태어났던 두브 강 유역과 쥐라 지방에 애착을 가졌듯이 세잔도 자신의 고향 액상 프로방스의 풍경과 자연에 대한 애정이 남달랐다. 세잔은 그곳에서 지중해의 밝은 빛을 받은 풍경을 묘사하기 위해 애썼으며 결국에는 사물의 형태를 뭉개고 단순화해 실루엣만 남기는 독특한 인상주의 화풍을 발견시켰다. 위의 그림은 오르세 미술관에 소장되어 있는 것으로 1890년쯤 그려진 것으로 추정된다. 이 그림에는 세잔이 무수히 바라보고 관찰한 산의 모습이 그 나름의 방식으로 독특하게 표현되어 있다. 다시 말해 세잔은 자기만의 공간에서 자기 내면의 예술성을 끌어낼 수 있었다. 조금 더 정확히 말하면, 총체적인 세계 속에서 자신의 좌표가 어디에 위치하고 있는지, 나만의 공간이 세계와 어떻게 관계를 맺고 있는지 명민하게

책으로 꾸민 벽

일렉트릭기타 수집가의 공간

인지하고 있었던 것이다.

사람들은 각자 자기에게 온전하게 몰입할 수 있는 공간으로 자기만의 슈필라움을 꿈꾼다. 호모 루덴스에게는 자신의 열정과 꿈을 위한 공간뿐만 아니라 어떤 목적도 없는 것으로 목적을 달성하는 잉여적인 공간도 필요하다. 아무런 목적 없이 이루어지는 공간이 진정한 자신의 모습을 발견할 슈필라움이 될 수 있기 때문이다. 다른 사람의 눈에는 지저분해 보일지 몰라도 피규어나 오래된 LP음반, 우표가 가득한 방에서, 자신이 좋아하는 게임이나 놀이를 즐길 수 있는 자유의 공간에서 자신만의 시간을 만끽하는 그곳이 바로 진짜 슈필라움이다.

그렇게 자신과 공간의 서사를 융합한 슈필라움을 2차원이나 3차원에서 효과적으로 표현하려면 어떻게 구성하는 것이 좋을까? 자신이 상상한 공간을 어떻게 표현하는가 역시 시각공간적 사고의 발휘이다. 내부를 효과적으로 표현하기 위해서는 도면을 활용할 수도 있지만, 표현하고 싶은 의미에 따라 다양한 시선에서의 장면을 평면적으로 혹은 입체적으로 표현하는 것 또한 시각공간적 사고를 자극하는 활동이다. 마치 고흐Gogh, Vincent van의 그림 〈아를의 반 고흐의 방〉처럼 공간의 구석에서 바라본 내부의 모습을 묘사하는 것은 작은 공간 표현으로 가능하다. 보다 입체적으로 표현하기 위해서는 무대 미술가들의 디자인 모델처럼 제작해 볼 수도 있다. 이 사진은 무대 미술가 마르셀 장봉Jambon, Marcel이 제작한 베르디Verdi, Giuseppe의 〈오셀로〉(Otello) 무대 디자인 모델이다.

하나의 공간을 완성하기까지 공간의 입체성과 외부 환경과의 조화를 기하기 위해서는 오페라하우스와 루브르 박물관처럼 공간 내외의 구조적 심미성을 고려하는 것이 중요하지만, '나'만의 슈필라움의 의미를 부각하기 위해서는 스스로 세잔이나 수집가들이 되어 보는 것도 좋을 것이다. 그리고 그 공간을 반 고흐 같은 화가처럼, 장봉 같은 무대 미술가처럼 효과적으로 표현해 본다면 관계적 사고와 시각공간적 사고를 동시에 발휘하게 될 것이다.

고흐, 〈아를의 반 고흐의 방〉

베르디의 오페라 〈오셀로〉의 무대 디자인

공간 지각력

공간 지각력은 우리 삶이 이루어지고 있는 입체적 공간에 대한 지각 능력을 말한다. 우리가 생활하는 공간은 상하, 좌우, 전후의 세 방향으로 퍼져 있으며, 따라서 이러한 3차원 세계에서 살아가기 위해서는 3차원의 범위를 감각을 통해 알 수 있어야 한다. 인간은 시각, 청각, 촉각 등의 감각을 통해 공간적 범위를 감지할 수 있는데, 이를 공간 지각이라고 한다.

지각된 공간은 텅 비어 있는 것이 아니라 지각 대상들이 포함되어 있다. 지각 대상들은 지각 속에서 질서를 갖추고 있는 것으로, 서로 무리지어 있으며, 전경과 배경의 구성과 구조적 관계를 지각하는 능력으로 모두 공간 지각에 관련된다. 우리는 시각을 통해 가장 정확하게 공간을 지각하는데, 시각의 경우에 공간의 좌우와 상하는 물론 공간의 깊이를 지각할 수 있다. 또한 우리는 청각을 통해 소리의 강도와 시간차 등에 근거해 방향과 입체감을 지각한다. 공간 지각력은 우리가 공간을 정확하게 이해하고 부분 공간들 사이의 경계를 파악하는 데에 중요할 뿐만 아니라 객관적 공간을 우리 삶의 실제적 공간, 즉 해석된 공간으로 구성하는 데에도 중요하다.

시각공간적 사고

시각적 사고(Visual Thinking)는 마치 사진을 찍듯이, 물체의 부피가 느껴지는 3차원 영상을 보듯이 공간을 직접적으로 직관하는 것이다. 어떤 사람은 아주 세밀하게 구석구석까지도 잘 기억하고 어떤 사람은 전체적으로 뭉뚱그려 기억하는 차이가 있긴 하지만, 어쨌든 누구나 어떤 장면이나 공간에 대하여 통째로 지각할 때가 있다. 그것이 바로 공간적·시각적 인지이다. 시각적 사고 능력을 발휘할 때, 우리는 우리가 지각한 그 왼쪽 공간에 무엇을 둘지, 그 물건의 반대 면은 어떤 모양인지 머릿속에서 공간을 창조하고 물건을 돌린다. 아주 빠르고 자연스럽게 그러한 사고가 펼쳐질 때, 어떤 내레이션이나 자막은 없다. 심리학이나 신경의학에서는 '시각공간적'(Visuospatial)이라는 말을 사용한다. 인간의 시각적이고 공간적인 사고를 특정한 표현이다.

인간은 일상적 활동에서 신체적, 시각적, 공간적 사고 능력을 수행한다. 출퇴근 시간에 도시를 가로질러 갈 때, 컴퓨터 화면에 띄워 놓은 도식을 이해할 때, 점심 식사를 하면서 휴가에 대한 백일몽을 꿀 때, 쉬는 시간에 공놀이를 하면서 날아오는 공을 잡을 때, 이런 모든 경우에 우리는 신체를 움직이고 공간 지각 능력을 사용하고 시각적 인지 능력을 활용한다. 이런 활동들은 모두 일상적이고 통상적인 활동뿐만 아니라 풍부한 정신적 표상에서 이용되는 시각공간적 사고 능력과 연관되어 있다. 여러 연구자들의 연구 결과에 따르면, 시각공간적 사고 능력은 과학(Science), 기술(Technology), 공학(Engineering), 예술(Art), 수학(Mathematics), 즉 S.T.E.A.M.을 포함하여 많은 전문 영역에서 필요로 하는 핵심적인 능력이다.

Value Creator

가치 창조자

네 다리, 네 팔, 네 영리한 손가락들, 네 몸들이 움직이는 경로는
다른 사람과 다르며 모두 제각각이다.
너는 셰익스피어가 될 수도 있다, 미켈란젤로가 될 수도 있으며, 베토벤이 될 수도 있다.
너는 어떠한 존재로도 될 수 있는 능력을 가지고 있다.

— 피카소

연결과 편집

언어 또는 이미지가 지니고 있는 의미는 그 자체의 고유한 속성일 수도 있지만, 다른 대상과의 연결을 통해 차이를 선명하게 부각시키는 것으로 구성되기도 한다. 즉 어떤 상황 맥락에 놓여 있느냐에 따라 새로운 의미로 끊임없이 재구성되는 것이 가능하다. 특히 하이퍼텍스트(Hypertext) 시대를 살고 있는 우리는 전혀 새로운 맥락을 넘나들며, 수시로 낯선 상황에 접속하는 데에 익숙하다. 새롭게 만나는 대상과의 공통점 또는 차이점을 발견하며 대상의 새로운 의미를 추가하고 보충할 수 있을 때, 창의적 사고가 가능해질 것이다.

낯선 연결과 창조적 편집

우리

는

세계를

부유하는 정신병자

자취방

은

Blackout Poetry

기억한다.
골목에서

옮길 수 있
는

두려움 호기심
똥을 싸 는 비둘기
그리고 나는
알 수 없 는
벽이 었다.

2. 유리병 편지: 파울 첼란에 대하여

파울 첼란Celan, Paul(1920~1970)은 지금으로 따지면 루마니아와 소련의 접경지대에 위치한 부코비나 지방에서 태어났습니다. 그곳은 독일어를 사용하는 지역이었습니다. 독일어는 첼란의 모국어였습니다. 그는 어린 시절 독일어로 문학 작품을 읽으며 성장했지만 독일은 그들을 학살의 현장으로 보내고 말았습니다. 물론 그는 유대인이라는 배경 탓에 독일어를 모국어로 사용하면서도 집에서는 히브리어를 배웠습니다. 또한 지금의 중·고등학교에 해당하는 김나지움은 루마니아에서 다녔고, 대학은 프랑스에서 다녔습니다. 그래서 루마니아어와 프랑스어에도 능통했다고 합니다. 소련군이 고향을 침공했을 때 배운 러시아어는 『전쟁과 평화』를 원서로 읽을 정도의 실력이었다고 하며, 셰익스피어의 소네트 번역은 명역으로 칭할 정도로 영어에도 익숙했다고 합니다. 1948년 파리에 정착하면서부터 주로 번역 작업으로 생계를 유지했으며, 1958년부터는 파리고등사범학교에서 독일어를 가르쳤다고 합니다.

파울 첼란과 그의 가족들은 유대인 학살이 결정된 후, 수용소에 수용되었습니다. 그곳은 사람의 기름으로 비누를 만들고, 그들의 머리카락으로 가발과 카펫을 만들던 곳이었지요. 그들은 자신들이 판 구덩이 앞에서 뒤통수에 총을 맞고 그대로 무덤 속으로 들어가야 했습니다. 그리고 그러한 죽음들을 목도해야 했습니다. 인류가 지금까지 신뢰해 온 이성으로는 도저히 상상할 수 없는 끔찍한 상황을 현실에서 경험해야 했지요. 첼란의 부모는 그곳에서 강제 노역을 하다가 죽었습니다. 그리고 첼란 자신은 우연히 가스실행을 피할 수 있었다고 합니다. "아우슈비츠 이후 서정시를 쓰는 것은 야만적이다"라는 아도르노의 말은 당시 상황이 얼마나 잔인했으며, 인간의 언어로 표현할 수 있는 고통의 최대치를 훨씬 벗어나고 있는 일이었는지 보여 주는 진술이라 할 수 있습니다. 물론 이 말은 파울 첼란의 시편들을 통해서 수정될 수 있었습니다. 파울 첼란은 '브레멘 문학상' 수상 연설에서 자신의 시편들을 가리켜 '유리병 편지'라고 말한 적이 있습니다. 유리병 편지는 수신자를 알 수 없고 발신자만 존재하는 편지에 해당합니다. 그 누군가에게 도착한다는 기약도 없이 어딘가에 존재하고 있을 사람에게 닿기를 기다리며 띄워 보내는 편지를 말합니다. 그런데 이 편지는 편지의 전달을 통해 위기에 빠진 자신들을 참혹한 현장으로부터 구해 주길 바라는 목적으로 쓰인 글이 아닙니다. 그보다는, 광활한 바다 건너편 세상의 어느 곳에서라도 자신의 편지를 읽고 '누군가 저편에 존재하고 있구나' 하고 기억해 주길 바라는 믿음으로 쓰는 편지를 말합니다. 실제로 당시 수용소의 유대인들은 마지막까지 카체넬존이라는 시인을 살려 밖으로 내보내려 애를 쓰기도 했습니다. 또한 바르샤바 게토에서 살아남지 못한 카임 카플란의 일기나, 게토 내의 모든 자료들을 모아 땅에 묻어 두었던 역사가 엠마누엘 링겔불름의 노력들은 모두 당시의 비극을 증언하는 '유리병 편지'가 되어 주었습니다.

그들은 자신들의 참상을 세상에 알리는 것이 중요하다고 생각했던 것이지요. 파울 첼란의 시편들 역시, 아우슈비츠의 참상을 증언하고 있다고 할 수 있습니다. 그러나 자신의 충격과 공포의 현장을 끊임없이 마주해야 하는 일이 첼란에게 쉬운 일은 아니었습니다. 그는 우울증에 시달리다가 1970년 파리 센 강에 투신해 생을 마감하고 맙니다.

3. 죽음의 푸가 읽기

그렇다면 과연 파울 첼란은 아우슈비츠의 기억을 작품 속에서 어떻게 형상화하고 있을까요. 그의 작품에서는 아우슈비츠라는 비극의 화인(火印)이 시편들 도처에서 발견됩니다. 이것은 그의 전 생애에 걸쳐 짙게 드리워져 있는 비탄과 우울, 살아남은 자의 죄책감 같은 것이었지요. 이러한 정서는 '검은 우유'라는 시어를 통해서도 바로 확인할 수 있습니다. 작품 속에서 누군가는 밤낮으로 검은 우유를 마시고 있고, 또 다른 사람은 집안에서 뱀을 가지고 놀며, 명령을 내립니다. 그 명령에 따라 일군의 무리들은 무덤을 파고, 일군의 무리들은 바이올린을 연주하고 있지요. 또, 어디에선가 공중으로 연기가 피어오르는 장면이 눈앞에 그려지기도 합니다. 도대체 어떠한 상황일까요?

푸가란 원래 음악의 한 형식입니다. 하나의 성부에 화답하면서 대위법으로 구성되는 음악이라고 합니다. 이러한 의도는 몇 개 되지 않은 서술어의 반복을 통해, '우리'와 '그'의 선명한 대비를 만들고 있는 구성을 통해서도 확인할 수 있습니다. 이곳에서 '우리'로 지칭되는 일군의 무리들은 끊임없이 '검은 우유'를 마시고 있습니다. 아침, 점심, 저녁으로 반복적으로 마시고 있습니다. 이와 달리 '그'로 지칭되고 있는 '한 남자'는 집안에 살고 있으며, 뱀을 가지고 놉니다. 휘파람으로 사냥개들을 불러 '유대인'인 '우리'들에게 삽으로 무덤을 파라고 명령을 합니다. 그리고 또 다른 '우리'에게 무도곡을 연주하라고 말합니다. 죽음의 근처에서 연주되는 '무도곡'이라니, 상식적으로 납득이 되지 않는 일들이 작품 속에서 재현되고 있는 셈이죠. 또한 '그'가 휘두르는 권총에 '우리'들은 '땅나라'로 들어갑니다. 계속에서 또 다른 '우리'들은 무도곡을 연주합니다. 그리고 '우리'는 연기가 되어 하늘로 올라갑니다. 그제야 '공중의 무덤'에서 비로소 '비좁지' 않게 누울 수 있었습니다. 수용 인원이 10명인 막사 안에 1,800명을 수용하기도 했다고 하니, '공중의 무덤'이야말로 그들에게는 안식처가 되었는지도 모르겠습니다. 이러한 이미지들을 통해 우리는 아우슈비츠에서 있었던 학살의 한 장면이라는 사실을 눈치 챌 수 있으리라 생각합니다.

그런데 과연 언어로 이 참상을 온전하게 전달할 수 있을까요? 이 작품을 읽어 보면 분명 언어의 지시적인 의미 너머에 존재하는 더 큰 공포와 참혹함이 존재하고 있다는 생각이 듭니다. 그리고 그러한 의미들은 첼란의 말대로 "역사를 뚫고" 나갈 수 있는 언어가 되어야 했지요. 그것이 어떻게 가능할 수 있을까요. 그런데 그의 작품을 가만히 살펴보면, 형태적 측면에서 몇 가지 특징을 발견할 수가 있습니다. 번역된 작품이라는 점을 감안하고 보더라도, 『죽음의 푸가』 전반에 걸쳐 쉼표나 구두점 없이 작품이 전개되고 있다는 것입니다. 또한 지면을 통해 작품을 감상할 때와 달리, 직접 낭송을 해 보면 분명해지는 작품의 특징이 발견됩니다. 몇 개의 단어로 반복되는 서술어가 시를 단조롭게 만들고 있는 것처럼 보이지만, 이 작품을 소리 내어 읽을 때 비로소 작품이 지니고 있는 의미가 확대되고 있음을 확인할 수 있습니다. 파울 첼란의 낭송을 듣고 있다 보면 쉬지 않고 반복되는 전개 속에서 숨이 차오르는 듯한 인상을 받곤 합니다. 마치 가스실의 공포가 느껴지는 듯합니다. 첼란은 지시적 언어로 아우슈비츠의 참혹함을 설명하고 있지 않습니다. 당시의 충격과 공포를 어떻게 있는 그대로 전할 수 있을지, 어떻게 '유리병 편지'에 담아서 거친 파도를 뚫고 어딘가에 있을 사람들에게 온전하게 전달할 수 있을지 고민하며 시를 쓴 것은 아니었을까요? 그러면 이제 '과연 시 또는 예술 작품이 어떻게 거대한 불의와 맞서 싸울 수 있을까' 고민하는 친구들도 있으리라 생각합니다. 잘못을 저지른 자가 있다면 당당하게 맞서서 항의를 해야지, 상처 받은 영혼이 골방에서 혼자 쓴 시편들이 어떤 힘을 가지고 있기에 사람들을 분노하게 했을까요? 이제 여기에서 우리의 이야기를 해 볼까 합니다.

핵심 가이드

- 각자 선택한 텍스트로 Blackout Poetry를 구현한다.
- Blackout Poetry에서 단어를 선택하고 결합하면서 기존에 익숙한 언어 표현을 넘어서는 새로운 의미를 창출해 낼 수 있다.
- Blackout Poetry에 활용하는 텍스트는 일상생활에서 쉽게 접하는 신문, 잡지, 책, 광고 등으로 선정한다.
- 시를 쓴다는 관점에서 접근하는 것이 아니라, 단어의 연결과 편집을 통해 새로운 의미를 창조하는 과정에 초점을 둔다.

Blackout Poetry 소개
https://www.fadeintoablackoutpoetry.com/what-is-blackout-poetry

핵심 가이드

- 각자 선택한 텍스트로 Blackout Poetry를 구현한다.
- Blackout Poetry에서 단어를 선택하고 결합하면서 기존에 익숙한 언어 표현을 넘어서는 새로운 의미를 창출해 낼 수 있다.
- Blackout Poetry에 활용하는 텍스트는 일상생활에서 쉽게 접하는 신문, 잡지, 책, 광고 등으로 선정한다.
- 시를 쓴다는 관점에서 접근하는 것이 아니라, 단어의 연결과 편집을 통해 새로운 의미를 창조하는 과정에 초점을 둔다.

Blackout Poetry : ______________________

핵심 가이드

- 두 개의 단어를 임의로 선택하여 이를 결합시키는 과정을 통해 문장을 구성하고, 그것이 은유가 될 수 있도록 공통된 속성을 찾는다.
- 신문, 잡지, 시, 소설 등 다양한 텍스트를 활용하여 낱말 카드를 준비한다. 무작위로 두 개의 카드를 뽑아 강제로 결합시킨다.
- 완성된 문장 중 가장 좋은 비유라고 생각하는 문장을 하나 선정하고, 그것이 좋은 비유라고 생각한 이유를 적어 본다.

1 언어의 강제적 결합

다양한 텍스트에서 단어를 임의로 선정하여 낱말 카드를 만든 뒤, 단어 박스 안에 넣고 잘 섞는다. 차례로 단어를 뽑아 은유의 구조에 해당하는 아래의 괄호를 채워 본다. 이러한 과정을 몇 차례 반복하며 만들어진 문장을 좋은 비유와 그렇지 못한 비유로 나누어 보자. 또 각각의 비유에서 두 대상 사이의 공통점을 찾아 새로운 관계를 설정해 보자.

가	(	)은/는/이/가 (	)이다.
나	(	)은/는/이/가 (	)이다.
다	(	)은/는/이/가 (	)이다.
라	(	)은/는/이/가 (	)이다.
마	(	)은/는/이/가 (	)이다.

( )은/는/이/가 ( )이다.

첫 번째 단어의 속성	두 번째 단어의 속성

비유 해석

( )은/는/이/가 ( )이다.	
첫 번째 단어의 속성	두 번째 단어의 속성
비유 해석	

( )은/는/이/가 ( )이다.	
첫 번째 단어의 속성	두 번째 단어의 속성
비유 해석	

시는 언어 예술이다. 언어를 매개로 시인이 마주한 대상을 지면 위에 옮겨 놓는다. 그런데 우리가 모국어 화자로 아무런 문제없이 '언어'를 사용하고 있다는 사실과 시가 '예술'이라는 사실로 인해, 우리는 시를 감상할 때 피할 수 없는 혼란스러움을 경험하기도 한다. 우리는 현대미술관에서 이해 불가능한 작품 앞에 서서, "저게 무슨 예술이야"라고 불평해 본 적이 있을 것이다. 같은 이유로 시를 읽으면서 일상의 언어 질서와 달라 불편함을 느꼈던 경험을 가지고 있다. 과연 무엇이 이러한 차이를 만들어 냈을까? 그것은 우리가 언어의 지시적 의미에 한정하여 시를 '해석'하려는 일상 언어의 용법에 익숙하기 때문이다. 일상에서 우리는 익숙한 언어의 선택과 관습적 결합을 통해 의사소통한다. 이때 의미는 텍스트가 감추고 있는 그 '무엇'으로, 합리적인 인식의 과정을 통한 '이해'를 거쳐야 하는 작업이다. 그러나 시의 언어는 일상의 언어와 다른 방식으로 결합하며 언어의 지시적 의미를 쉽게 넘어선다. 의도적으로 낯선 결합을 시도하고 창조적으로 변형하며 예술 작품으로서 시의 의미를 구축하는 것이다.

(가)

열무 삼십 단을 이고
시장에 간 우리 엄마
안 오시네, 해는 시든 지 오래
나는 찬밥처럼 방에 담겨
아무리 천천히 숙제를 해도
엄마 안 오시네, 배춧잎 같은 발소리 타박타박
안 들리네, 어둡고 무서워
금간 창틈으로 고요히 빗소리
빈방에 혼자 엎드려 훌쩍거리던

아주 먼 옛날
지금도 내 눈시울을 뜨겁게 하는
그 시절, 내 유년의 윗목

— 기형도, 「엄마 걱정」

(나)

훔친 구두를 신고
훔친 가방을 메고
소풍을 갔다

발등에 족쇄 같은 고리가 달린
여자아이의 구두를 신고
어수선한 닭집 옆
주렁주렁 매달린
시장바구니 하나를 훔쳐
소풍을 갔다

풀밭 위에 앉아서 도시락을 먹었다
선생님은 구두를 먹고
아이들은 내 찢어진 반바지와 바구니를
김밥처럼 먹으며

내게 말했다
구두에게 말했다
바구니에게 말했다

— 너, 집에 가!

— 박상순, 「빵공장으로 통하는 철도로부터 6년 뒤」

위에서 제시하고 있는 두 편의 시를 읽어 보자. 각 시편에서 단어와 단어가 어떻게 선택되어 결합하고 있는지를 중심으로 작품을 살펴보자. 각각의 시편을 읽어 본 독자들의 반응은 확연한 차이를 보일 것으로 예상된다. (가)의 시를 통해 그려볼 수 있는 세계는 우리가 일상에서 사용하는 언어의 의미를 통해 해석이 가능한 반면, (나)의 작품은 우리가 일상에서 사용하는 언어의 의미만으로는 쉽게 이해하기 어렵다. 아마 (나)의 작품을 접한 독자 중에는 '이게 시야?'라며 불만을 토로하는 사람도 있을 것이다.

(가)의 작품은 내용 이해가 비교적 쉽다. 밑줄 쳐놓은 부분은 비유(직유와 은유)로 서로 다른 두 대상을 결합해 놓은 부분이다. 해의 '뜨고 지는' 속성과 배춧잎의 '시드는' 속성, 찬밥이 밥솥에 담겨 있는 속성과 냉기가 도는 방에 혼자 있는 '나'의 외로움, 배춧잎의 모양과 발자국 소리, 내 유년의 쓸쓸한 기억과 차갑게 식은 윗목의 속성을 대상들 사이의 유사성에 근거해 결합시키고 있다. 이때 'A는 B이다'는 문장의 구조는 A와 B의 공통된 속성 즉 유사성을 매개로 연결된다. 특히 (가)는 익숙한 정서를 공통점으로 하고 있기에, 두 대상의 선택과 결합으로부터 의미를 유추해 내는 것이 비교적 쉬운 예에 해당한다.

반면 (나)의 시는 「빵공장으로 통하는 철도로부터 6년 뒤」라는 제목부터 일상 언어의 관습적 허용 범위를 넘어서고 있다. 결합하는 두 대상의 공통된 속성을 발견하기가 쉽지 않다. "훔친 구두를 신고 / 훔친 가방을 메고 / 소풍을 갔다"라는 문장의 의미를 어떻게 이해해야 할지 시작부터 어리둥절하는 독자들도 많을 것이다. 특히 "선생님은 구두를 먹고 / 아이들은 내 찢어진 반바지와 바구니를 / 김밥처럼 먹으며"와 같은 구절은 주어와 서술어가 서로 호응하지 않아 쉽게 이해하기 어려울 것이다. 주어의 자리에 놓인 '선생님'이 '구두를 먹'는다는 문장이나, '찢어진 반바지와 바구니를 / 김밥처럼 먹'는다는 문장은 쉽게 용납되지 않는 문장이기 때문이다. 그럼에도 구두, 반바지, 바구니 등과 같이 먹을 수 없는 속성의 대상을 '먹는다'라는 속성을 지닌 '김밥'과 강제로 결합시키면서 작가는 의도적으로 비현실적인 상황을 연출하고 있다. 그리고 이러한 비현실적인 상황이 '너, 집에 가!'라는 마지막 문장에 집약되는 소외의 정서를 단순한 감상으로 흐르지 않게 하고 있다. 이처럼 공동체의 문맥을 벗어나는 언술을 통해 오히려 현실감을 높이고 효과적으로 의미를 전달하고 있는 것이다.

은유는 두 대상 사이의 유사성을 전제로 한 수사법이다. 은유는 두 대상을 결합하여 기존의 두 대상이 지니고 있는 의미와는 다른 새로운 의미를 생성하거나 그 의미를 확장하는 비유를 말한다. 이때 우리는 주로 두 대상의 공통점에 주목하지만, 두 대상 사이에는 이질적인 차이도 함께 존재한다. '사람은 인간이다'와 같이 완전히 동일한 대상을 결합하여 실패한 비유가 될 수도 있고, '거울은 스피커이다'와 같이 유사성이 없거나 희박한 경우에도 실패한 비유가 될 가능성이 크다. 예를 들어 "내 마음은 호수다"라는 문장에서는 '마음'과 '호수'라는 단어가 유사성을 바탕으로 결합하고 있다. 여기에서 선택된 두 대상에서는 '잔잔함', '고요함' 등이 공통된 속성이 될 수 있을 것이다. 이렇게 두 대상을 결합시켜, '마음' 또는 '호수'라는 단어만으로 드러낼 수 없는 새로운 의미가 생성되는 것이다. 한편 잘 알려진 '침대는 과학이다'라는 광고 카피를 생각해 보자. 마음이라는 단어와 호수라는 단어가 지니고 있는 공통된 속성에 비해서 '침대'와 '과학'이라는 단어에는 별다른 공통된 속성이 매우 적거나 없어 보인다. 이것이 설득력을 지니는 은유가 되려면, 우리는 '침대'와 '과학'을 매개할 수 있는 유사성을 발견하여 두 대상 간 새로운 관계를 설정해야 한다. 창의성은 이러한 과정에서 발생한다고 할 수 있다. 우리는 공통된 속성을 찾아 두 대상을 보편화하거나, 이질성을 통해 두 대상 간의 창의적인 결합을 시도할 수 있다. 두 대상 사이에 유사성과 이질성이 함께 변주되면 새로운 의미를 생성, 확장해 나가는 것이 가능해진다.

① 쟁반같이 둥근달

② 전설 바다에 춤추는 밤물결 같은 / 검은 귀밑머리 날리는 어린 누이

즉 예문 ①의 "쟁반같이 둥근달"과 같이, 이미 관습적이며 일반적인 표현이 되어, 전혀 새로운 긴장을 만들어 내지 못하는 비유가 될 수 있다. 반면 ②번의 예문과 같이('전설 바다에 춤추는 밤물결'과 '어린 누이의 귀밑머리') 두 대상의 차이가 크면 클수록, 그러면서도 절묘하게 조화를 이룰 때, 또는 유사성이 전혀 없는 대상이 결합될 때, 낯선 이미지가 어긋나며 충돌할 때, 해석상 나타나는 긴장으로 비유는 성공하게 된다.

환유는 인접성에 근거한 단어의 배치를 통해 의미를 형성한다. 이때 인접성은 공간적 또는 시간적으로 가까이에 있거나 인과관계 등에 따라 논리적으로 인접해 있는 경우를 말한다. 문장 내에서 자동적으로 연상되는 통사 구조적 인접성도 여기에 해당된다. 각각의 어휘에 내재되어 있는 의미를 통해 새로운 의미를 만들어 내는 것이 아니라, 어떤 어휘와 결합하는가에 의해서 의미를 만들어 낸다. 이는 유사성에 근거해 단어를 선택하는 은유와 달리, 단어의 배치를 통해 문장을 구성하면서 의미를 형성한다.

즉 주어와 주어의 동작 또는 상태를 설명해 주는 술어의 관계처럼, 사회적으로 용인되는 사회적 문맥이 중요한 판단 기준이 된다. 즉 우리가 일상에서 사용하는 문장은 사회적 관습, 문화, 제도 등 대상들 간의 용인된 관계를 벗어나는 의미를 만들기 쉽지 않다. 쉽게 말해, '의자'라는 단어를 주어로 선택하는 순간, '의자'라는 단어를 수식하는 말이나 '의자'에 이어지며, '의자'의 상태나 동작을 설명하는 단어는 한정될 수밖에 없다. '창고에 다리가 부러진 의자가 쌓여 있다'라는 문장은 쉽게 납득이 되지만 '맛있는 의자가 숲을 걷고 있다'라는 문장은 어색하게 다가올 수밖에 없다.

물론 전자와 같이 쉽게 이해되는 문장은 공동체 내에서 의사소통을 가능하게 하는 문장이 될 수 있지만, 예술 작품으로서 시의 문장에서 후자와 같이 다소 엉뚱한 문장이 가치를 지닌다고 할 수 있다. 선택과 결합의 혼란에서 비롯된 모호성이 상징적이고, 복합적이며 다양한 의미로 분화되기

도 하는 것이다. 다시 말해 우리에게 익숙한 사회적 문맥을 제거한 언어의 결합을 통해서 보다 창의적인 의미를 산출하는 것이 가능해진다. 무의식적으로 어휘를 선택하고, 자동적으로 결합하는 것으로 형성되는 문맥을 의도적으로 낯설게 하거나, 비틀어 보는 것은 창의적인 메시지를 산출하는 중요한 방법이 될 수 있다. 왜냐하면 선택된 대상들로부터 기존과 다른 의미를 발견하기도 하고, 각 대상들이 새로운 관점에서 관계를 맺을 수 있는 작업이기 때문이다.

은유적 사고

은유는 서로 다른 두 대상 A와 B의 공통된 속성 또는 유사성을 전제로 두 대상을 결합하여 A, B와는 새로운 의미를 생성, 확장하는 비유를 말한다. 우리가 일상에서 사용하는 언어는 합의된 규약을 바탕으로 한다. 사물과 사물의 이름을 대응시켜 집대성한 사전은 합의를 통해 의사소통을 가능하게 하는 규약의 일종이다. 그러나 사전적 정의가 지니고 있는 지시적 속성이 그 정의에 대응되고 있는 사물, 그 자체와 정확하게 대응된다고 할 수 없다. 사물(대상)에 대한 인식은 그것을 감각한 주체의 고유한 내면, 주관을 통과하여 의미를 생성하게 되기 때문이다. 또한 사물은 그것이 어떠한 맥락에 놓이느냐에 따라서 다양한 의미로 파생될 수 있다. 그것이 지시하는 사물을 정확하게 명중시키지 못하는 것은 언어가 가지고 있는 필연적인 한계에 해당한다. 바로 이 지점에서 일상에서의 언어와 시의 언어가 분화된다. 시인은 개별 주체의 고유한 차이, 그러한 차이를 드러내는 주체의 고유한 내면을 온전하게 드러낼 수 있는 언어를 강력하게 요청한다. 그러나 언어의 외부에 위치해, 언어의 사전적 정의에 포함되지 않는 의미를 전달하기 위해서는 또다시 언어의 지시적 의미에 의존할 수밖에 없다. A라는 사물의 본질에 다가가기 위해 B라는 사물과의 공통된 속성, 유사성을 매개로 두 대상을 결합시킨다. 이때 A를 원관념이라 하고, B를 보조 관념이라 지칭한다. 은유를 통해 애매한 추상에 머물던 사고는 새로운 의미를 추가하며 구체적인 이미지로 옮겨간다. 이처럼 은유적 사고는 언어가 가지고 있는 불완전성을 넘어서며 새로운 의미를 확장해 가는 가운데, 창의적인 아이디어를 산출해 낼 수 있는 생각 도구이다.

환유적 사고

환유는 어떤 사물의 이름 A를 사용하여 그것과 관련된 다른 사물의 이름 B를 대신하는 '대치' 표현이다. 환유의 주된 기능은 어휘적 대체를 통해 개념을 지시적으로 전이하는 것이다. 하지만 환유는 사물의 이름을 단순하게 지시하는 기능을 수행하는 것이 아니라 개념 작용을 통하여 이해의 기능도 수행한다. 가령 "그 햄버거가 계산서를 기다리고 있다"라는 문장을 살펴보자. 여기에서 나타나는 햄버거라는 단어는 어떤 실제의 사람, 즉 햄버거를 주문했던 사람을 지시하기 위해 사용되고 있다. 다시 말해 햄버거에 사람의 속성을 부여함으로써 그 사람을 지시하는 것이다. 이때 이러한 표현은 특정 환경에서 일어나고 이해 가능한 표현이므로, 이 환경을 벗어나면 햄버거가 지니고 있는 환유의 의미 역시 사라지게 된다.

이러한 환유를 설명할 때 가장 중요한 개념은 인접성이다. 인접성은 구체적인 대상과 추상적인 대상을 우리의 경험적 영역을 통해 구조화해 준다. 가령 "그는 콜라 한 병을 마셨다"라는 문장을 살펴보자. 이 문장에서 마시는 대상은 병이 아니라 병 속에 든 콜라이다. 여기에서 병은 같은 용기 안에 내용물과의 인접성을 바탕으로 콜라라는 의미로 사용된다. 즉 부분과 전체 혹은 전체와 부분의 관계의 인접성을 바탕으로 대상의 의미를 이해할 수 있다. 환유에서는 상황에 따라서 관련된 사건이나 대상 등과 같은 특정한 부분이 부각되어 나타난다. 환유적 사고는 대상들 사이의 인접성을 바탕으로 기존 대상을 다른 방식으로 표현하는 가운데, 창의적 아이디어를 발산하는 생각 도구이다.

핵심 가이드

- 동일한 대상이더라도 창작자의 상황, 관점, 태도 등에 따라 그 대상이 재현되는 양상은 수없이 달라진다.
- 재현의 과정에서 모방, 변형, 패러디 등이 일어나는데, 창작자의 의도에 따라 새로운 의미가 반드시 드러나야 한다.
- 원텍스트로 선정할 수 있는 작품은 역사적 의미와 가치가 있거나, 대중성을 갖고 있어야 한다. 그래야 원텍스트를 모방하여 변형하거나 패러디한 작품의 의도를 살릴 수 있다.
- 원텍스트는 하나 이상의 작품이 될 수도 있다.

2 창조적 해체의 즐거움

원텍스트 작품을 선정한 뒤 자신의 의도를 살려 여러 단계로 변형을 시도해 보자. 모방하고 패러디하는 과정에서 자신이 표현하고자 했던 생각이 반영되어야 한다. 자신의 작품에 제목을 붙이고 작품 설명을 곁들여 보자.

원텍스트	변형 1	변형 2

제목 :

설명 :

'모방은 창조의 어머니'라고 했던 아리스토텔레스Aristoteles의 말을 떠올려 보면, 예술적 성취의 근간에는 모방을 통한 학습 과정이 깃들고, 이에 더하여 개인적 삶에서 체화된 내용들이 창조적 힘으로 작용하여 재해석을 가능하게 한다.

여기에서 우리는 모방 행위를 통해 기존의 것과 차별화되는 독창성을 발휘할 수 있다는 사실을 알 수 있다. 일례로 마땅한 스승 없이 독학으로 그림을 공부했던 고흐Gogh, Vincent van의 경우, 일면식조차 없었던 밀레Millet, Jean-François의 작품에 매료되어 본보기로 삼아 작품을 모사하였다. 그가 자신의 동생 테오에게 보낸 편지에서 작품을 모사하는 일에 대해 밝힌 생각들을 보면, 고흐

밀레, 〈첫 걸음〉(1858)

고흐, 〈첫 걸음, 밀레를 따라〉(1890)

에게 있어서 모사는 단순히 형태를 따라하거나 베끼는 행위가 아니라 새로운 작품을 태동시키기 위한 선행 작업에 가까웠다. 원작과는 다른 재료나 방식으로 구현함으로써 자신의 내면 안에서 새롭게 해석한 작품으로 재탄생시킬 수 있었던 과정을 엿볼 수 있다.

파블로 피카소Picasso, Pablo 역시 다르지 않았다. 어린 시절 스페인 화가 디에고 벨라스케스Velázquez, Diego의 그림 〈시녀들〉(1656)을 모방하는 것으로부터 시작하여 동시대를 살았던 화가들의 작풍을 따라하면서 점차 자신만의 다채로운 화풍으로 승화시켜 나아갔다. 추상화가로서 그가 그려 놓은 난해하면서도 왜곡된 형태의 그림들은 기존의 고전적인 작품들과 다른 특징들을 낳았다. 이로써 감상자들은 그의 작품 속 상징적 의미를 탐구할 수 있게 되었고, 그 해석의 외연은 더욱 넓어졌다.

이처럼 피카소가 형태를 사실적으로 묘사하기보다 자신이 인식하고 감응한 내용에 집중한 것은, 동양에서 사물의 형태를 그대로 묘사하는 태도보다 사물에 내재된 의미나 정신을 중시하는 태도와 맞닿는다. 김정호의 〈세한도〉(1844)와 모네Monet, Claude의 〈눈 덮인 라바쿠르〉(1878)에 묘사된 집과 나무의 형태를 살펴보면, 동일한 겨울 풍경일지라도 원근을 고려해 사실적으로 재현하는 데 무게를 두었는지 아니면 대상을 내면화하는 과정에서 일어난 감정과 사유를 재현하는 데 집중하였는지 그 차이를 자세히 살펴볼 수 있다.

모방을 통해 대상을 세밀히 파악하고 그 과정 속에 각자의 개성과 삶의 경험들을 녹여 다시금 자유자재로 변형하여 구현하는 일은, 객관적 사실 분석에 천착하느라 굳어진 우리의 시선과 사고를 유연하게 함으로써 흥미로운 재현을 도모하는 과정이 될 것이다. 이를 위해 그림책 작가 앤서니 브라운Browne, Anthony이 밀레의 〈이삭 줍는 여인들〉(1857), 레오나르도 다빈치da Vinci, Leonardo의 〈모나리자〉(1503) 등을 재현한 사례나 요하네스 페르메이르Vermeer, Johannes의 〈진주 귀걸이를 한 소녀〉(1665)와 에드워드 호퍼Hopper, Edward의 〈뉴욕의 방〉(1932)을 TV 광고로 재해석한 사례들도 참고해 볼 만하다.

모네, 〈눈 덮인 라바쿠르〉(1878)

패러디는 이미 존재하는 텍스트를 변형 및 재구성 등의 다시 쓰기 방식이나 풍자하는 과정을 통해 기존의 의미를 넘어서는 새로운 의미를 만들어 낸다. 패러디는 문학의 영역에서 다양한 역할을 담당해 왔음에도 과거에는 표절, 모방 또는 독창성의 결여라는 관점에서 부정적으로 인식되어 온 경향이 있다. 이처럼 이미 존재하는 대상들과의 관계 속에서 의미가 재구성되어 오던 문학적 관습은 오래전부터 있어 왔다. 그러나 이미 존재하는 텍스트를 가져다 변형하여 새로운 의미를 산출한다고 해서 무조건 패러디가 되는 것은 아니다. 여기에서는 비판적인 거리를 확보하며, 연결하면서도 동시에 차이점을 부각시키는 등의 방법을 통해 의식적인 모방이 이루어져야 한다. 즉 원텍스트와 패러디 텍스트 간의 '대화적 행위'가 형성되면서 창의적인 의미를 형성하게 되는 것이다.

김정호, 〈세한도〉 일부(1844)

레오나르도 다빈치, 〈모나리자〉(1506)

마르셀 뒤샹, 〈L.H.O.O.Q.〉(1919)

앤디 워홀, 〈모나리자〉(1979)

페르난도 보테로, 〈모나리자〉(1977)
https://www.banrepcultural.org/coleccion-de-arte/obra/monalisa-ap3380

우리가 잘 알고 있는 〈모나리자〉는 많은 예술가들에 의해서 패러디되어 왔다. 이때 원텍스트가 가지고 있는 권위가 계승되기도 하지만, 원텍스트가 가지고 있는 권위를 해체하여, 조롱하거나 비판하는 방식으로 창의적인 의미가 생성되어 확장되기도 한다. 하위문화 또는 대중문화의 상징적 소재를 원텍스트와 병치시키거나 부조화 불일치 등의 기법을 의도적으로 추가하여 오늘날의 시대정신에 부합되는 작품을 끊임

소엘라 자니, 〈벨키사〉

없이 재창조하는 것이다. 특히 이러한 패러디는 단순히 예술의 기법에만 한정되는 것이 아니라, 보다 적극적이고 비판적인 소통의 매개가 되어 통용되기도 한다.

특히 사진작가 소엘라 자니Zani, Soela의 패러디 사진은 원텍스트가 가지고 있는 예술적 가치를 통해 오늘날 우리 사회에 새로운 가치를 환기시키고 있다는 점에서 주목해 볼 만하다. 아는 바와 같이 왼쪽의 그림은 벨라스케스Velázquez, Diego의 〈시녀들〉 속에도 등장하는 마르가리타Theresa, Margaret 공주의 초상화이다. 소엘라 자니는 이미 권위를 얻고 있는 명화 속의 인물들을 다운증후군 아이들로 패러디하여 사진을 재구성한다. 다운증후군 아이들에게도 작품 속 인물이 가지고 있는 아름다움, 예술적 가치가 있음을 알리며, 누구나 그 자체만으로도 의미 있는 존재임을 일깨워 주고 있다. 이때 소엘라 자니의 사진 작품만으로도 의미가 있지만 원텍스트와 패러디 텍스트를 함께 배치함으로써 작가의 의도는 한층 더 강조된다. 이를 통해 다운증후군에 대한 우리 사회의 왜곡된 시선을 비판하는 강력한 목소리로 기능하고 있는 것이다.

위안부를 비하하는 유니클로 광고에 대한 양금덕 할머니의 패러디 영상은 다른 어떤 매체보다 빠르고, 통쾌한 비판이었다. 유니클로의 광고가 공개되자마자 제작되었고, 유튜브라는 대중적인 플랫폼을 통해 순식간에 확산되었다. 급기야 위안부 폄하 논란을 촉발했던 유니클로는 해당 광고의 송출을 중단했다. 언론사의 논설이나 관련 기관의 공식적인 성명을 통해 유니클로 광고의 불합리함을 논박했다면 자칫 소모적인 싸움으로 흘러갔을 수도 있다. 하지만 패러디를 통해 원텍스트의 부당함을 더욱 많은 사람들에게 효과적으로 알렸다. 원텍스트를 활용해 원텍스트의 의미 자체를 비판, 조롱하는 것으로서 패러디가 가지고 있는 특징을 극명하게 보여 주는 사례이다.

더욱이 네트워크 환경 속에서 상호적인 대화의 가능성이 기술적으로 뒷받침되고 있는 오늘날은 패러디가 단순히 비판, 조롱의 차원을 넘어 유희적이며, 대중적인 놀이의 영역으로 확대되기도 한다. 신문의 논설 또는 비판 기사, 정치적 구호가 가지고 있는 일방향적인 메시지와 달리 상호 대화적인 구도 속에서 메시지를 주고받으며 공통의 사유를 공유한다.

유니클로 광고 패러디
https://www.youtube.com/watch?v=O4JL4By81yc

정치인에 대한 비판 역시 단순히 댓글을 통해 의견을 개진하는 선에 머무르지 않고, '움짤', '짤방' 등의 이미지를 제작해 하나의 놀이 문화로 향유되고 있다. 특히 오늘날의 대중문화는 장르 간 경계와 서열을 무너트리며 빠르게 생산, 소통되며 끊임없이 변이를 만들어 내는 속성을 지닌다. 키치 또는 B급 문화의 감성 등은 모두 이미 권위를 지니고 있는 원텍스트를 전제하고, 풍자적 동기에 의해 이를 변형시키며 새로운 의미를 만들어 낸다. 패러디의 시작은 원텍스트에 대한 비판적 거리를 통한 풍자적 동기에서 비롯되었지만, 이제는 그것이 하나의 놀이가 되어 상호 교섭하는 관계 속에서 보다 창의적인 의미를 창출해 내기도 하는 것이다.

영화 패러디 〈배달의 민족〉
https://www.youtube.com/watch?v=EYLoxXC81jU

낯설게 하기 Defamiliarization

'낯설게 하기'는 러시아 형식주의자 쉬클로프스키Shklovskij, Viktor Borisovich가 처음 사용한 용어이다. 그에 따르면 "우리는 결코 사물에 대한 감각 작용을 신선하게 유지할 수 없"다. 일상에서의 우리의 삶은 무의식적으로 자동화되어 사물에 대한 감각 작용은 익숙함과 친숙함 속에 무디어진다.

형식주의자들은 주로 문학의 언어, 특히 시어에 관심을 보였는데, 이들의 생각은 이후 다양한 예술의 영역에서, 개별 예술의 특성에 따라 다양한 방식으로 드러난다. 예술은 대상을 "낯설게 만들고, 형식을 어렵게 만들고, 감각 작용을 난해하게 만들고, 그것을 길게 연장시키는 데 있"다는 것이다. 이를 통해 일상의 언어와 다른 결합 규칙을 드러내는 것으로 새로움을 갖게 하는 것이다. 이 때문에 대상 자체는 그다지 중요하지 않으며, 예술적이지 않은 대상을 '어떻게' 예술적으로 변형시킬지에 관심을 둔다.

이러한 '낯설게 하기'는 '문학의 언어를 어떻게 사용할 것인가'에 대한 문제, 즉 기교, 기법에 대한 고민에서 비롯된 것이지만, 익숙하지 않은 리듬과 비유의 사용과 같이 특정 예술 영역에 한정하여 사용될 필요는 없다. 오히려 일상의 관습화된 사유에 의식적으로 끼어듦으로써, 무자각적 몰입과 수긍으로부터 거리를 두는 비판적 사고로 이해하는 것이 '낯설게 하기'의 취지에 더욱 부합된다고 할 수 있다. 익숙한 것, 친숙한 것을 낯설게 하고 비틀어 사유하는 과정에서 창의적인 생각을 끌어낼 수 있으며, 이렇게 획득된 새로움을 통해 예술의 심미적 목적을 성취할 수 있기 때문이다.

모방과 변형

신체로 감각된 모든 경험은 모방 행위를 통해 재현된다. 실재하는 어떤 대상을 옮기든 혹은 누군가 이미 그려 놓은 대상을 다시 옮기든, 회화 작품의 창작 동기 역시 본질적으로 현실 생활에서 경험하는 만사와 만물을 모방하는 것에서 비롯된다.

이러한 모방을 고대 동서양에서는 각각 형사(形似)나 미메시스(mimesis)라고 일컬었는데, 기본적으로 보이는 형상을 유사하게 본뜬다는 의미를 지닌다. 그리고 그것은 대체로 자연에 대한 모방으로 이해되어 왔다. 그러나 생멸하면서 변화하는 자연의 속성을 고려할 때 자연이 결코 고정불변하는 대상은 아니므로, 모방 행위를 가시적인 사물이나 행동의 외관을 단순히 복제한다는 층위로 한정짓기에는 무리가 있다. 눈에 보이는 세계는 늘 변화하고 있으므로 그것을 화면 위로 다시금 닮게 그려내는 모방 행위는 오히려 창조적 재현의 의미를 담지한다.

더욱이 우리는 삶 속에서 자연의 외관을 넘어서 그것에 내재된 법칙, 나아가 사회·문화적 규범이나 관습 등 추상적인 내용들을 학습하는 과정에서도 모방을 거친다. 그래서 특정 문화나 관습을 지닌 환경 속에서 재현된 예술 작품에는, 창작자인 화가가 대상에 대해 선택적으로 인지한 내용이나 사유한 내용, 또 그것을 둘러싼 임의의 감정이나 취향들이 담길 가능성이 있다. 다시 말해, 설령 화가가 객관 대상을 유사하게 본뜬다 하더라도 화면 위에 묘사되는 형상들은 화가의 개성이 관여하여 재창조되는 산물이라 할 수 있다.

그러나 무엇보다 중요한 것은 모방의 과정에는 창작자의 삶에서 축적된 개인적 체험, 사상, 태도 등이 녹아든다는 점이다. 그리고 이들은 실재하는 대상을 모방하든 누군가가 그려 놓은 작품을 모방하든 그것을 화면 위로 다시금 옮길 때 창의적 변형을 이끄는 동력이 된다.
이러한 변형은 대상에 대한 인상의 내용, 재료의 선택, 표현 기법의 변화 등 다면적으로 이루어질 수 있다. 가령 대상의 일부분을 과장한다거나 생략하는 경우, 표현 재료에 변화를 주어 색다른 질감이나 입체감을 구현하는 경우, 기존의 형태와 다른 형태로 뒤트는 경우, 묘사된 물상을 다른 물상으로 대체하는 경우, 기존의 것에서 영감을 받아 전혀 다른 새로운 것으로 나타내는 경우가 그러하다. 이를 참고할 때, 동양의 수묵담채화에 화려한 색감을 뽐내는 서양화를 덧입힌다거나 반대로 서양의 풍경화에 동양의 인물을 배치함으로써 궁극적으로 동서양 문화의 경계나 간극을 넘어서는 융합 형태의 변형도 가능하다.
이처럼 "모방"에서 "변형"으로 이어지는 행위의 점진적인 전개는 지식과 정보를 새로이 조합하고 변형하여 활용하게 함으로써 우리 내면에 잠재된 창조성을 이끌어 낸다.

패러디 Parody

패러디는 이미 존재하는 텍스트를 활용하여 창작자의 의도를 강화하는 방식으로 문학은 물론 음악, 미술, 사진, 영화, 광고 등 대중문화의 다양한 영역으로 확장되어 활용되는 창작 기법이다.
이런 패러디를 통해 오늘날 포스트모더니즘의 영향 아래에서 장르 간 경계를 허물고 다양한 방법과 가능성으로 의미를 산출 확장하는 것이 가능해졌다. 인용 가능한 텍스트의 범위는 권위를 가지고 있던 고급 예술에 한정되지 않고 대중문화의 영역으로 확장되었으며, 동시대의 유행, 마니아적 하위문화의 소재 역시 패러디의 대상이 되고 있다. 더욱이 오늘날과 같이 창작자와 감상자 간 상호 대화적 환경이 기술적으로 뒷받침되는 상황에서 텍스트와 텍스트 간 경계가 더욱 모호해지고 있으며, 단순히 메시지를 산출하는 차원에서 그치지 않고 상호 대화적으로 유통, 소비하며 하나의 '놀이' 개념으로 확장되기도 한다.
패러디를 위해서는 먼저 기존의 텍스트에 대한 독자의 안목이 중요하다. 주어진 텍스트에 대한 정보뿐 아니라, 주어진 텍스트가 어떠한 상황 문맥에 놓여 있는지 콘텍스트를 이해하는 것이 중요하다. 또한 이미 존재하는 텍스트를 그대로(무의식적으로) 차용한다면 표절이라는 불명예로부터 자유로울 수 없다. 의도성을 가지고 기존의 텍스트와 연결시키면서도, 텍스트와 텍스트 사이의 차이를 통해 차별화시킬 수 있어야 한다. 원텍스트와의 차별화를 통해 원텍스트를 현재화할 때 창의적인 생각들을 끌어낼 수 있는 것이다.

뮤직멘터리 Musicmentary

뮤직멘터리는 음악의 Music과 기록을 뜻하는 Documentary의 -mentary를 합성한 용어로, 음악으로 자신의 삶을 기록하는 것을 뜻하는 신조어이다. 뮤직멘터리 디자인은 내 삶의 주요 변곡점들을 음악으로 재현해 내는 작업이다.
우리는 종종 자신의 기분이나 경험, 감정을 음악으로 기억한다. 그래서 특정 상황에서 들었던 음악을 시간이 지나 다시 듣게 될 때, 그때 그 모습과 감정이 재생되는 것 같은 느낌을 받는다. 이처럼 음악은 단순히 귀로 듣는 것을 넘어 눈, 피부 등으로 수용되는 다양한 감각을 통해 기억하는 것이다. 이와 같은 비언어적·비개념적 인지를 통틀어 감각적 사고라고 지칭할 수 있으며, 이는 곧 이미지, 소리, 촉감 등의 상호 작용을 통해 공감각적으로 대상이나 상황을 기억하고 이해하는 사고이다.

유직멘터리 디자인

Love
Candy

Musicmentary

City of Stars
(from La La Land
soundtrack)

청춘길일
(옥상달빛)

Norwegian Wood
(the Beatles)

MY LIFE AND MUSIC

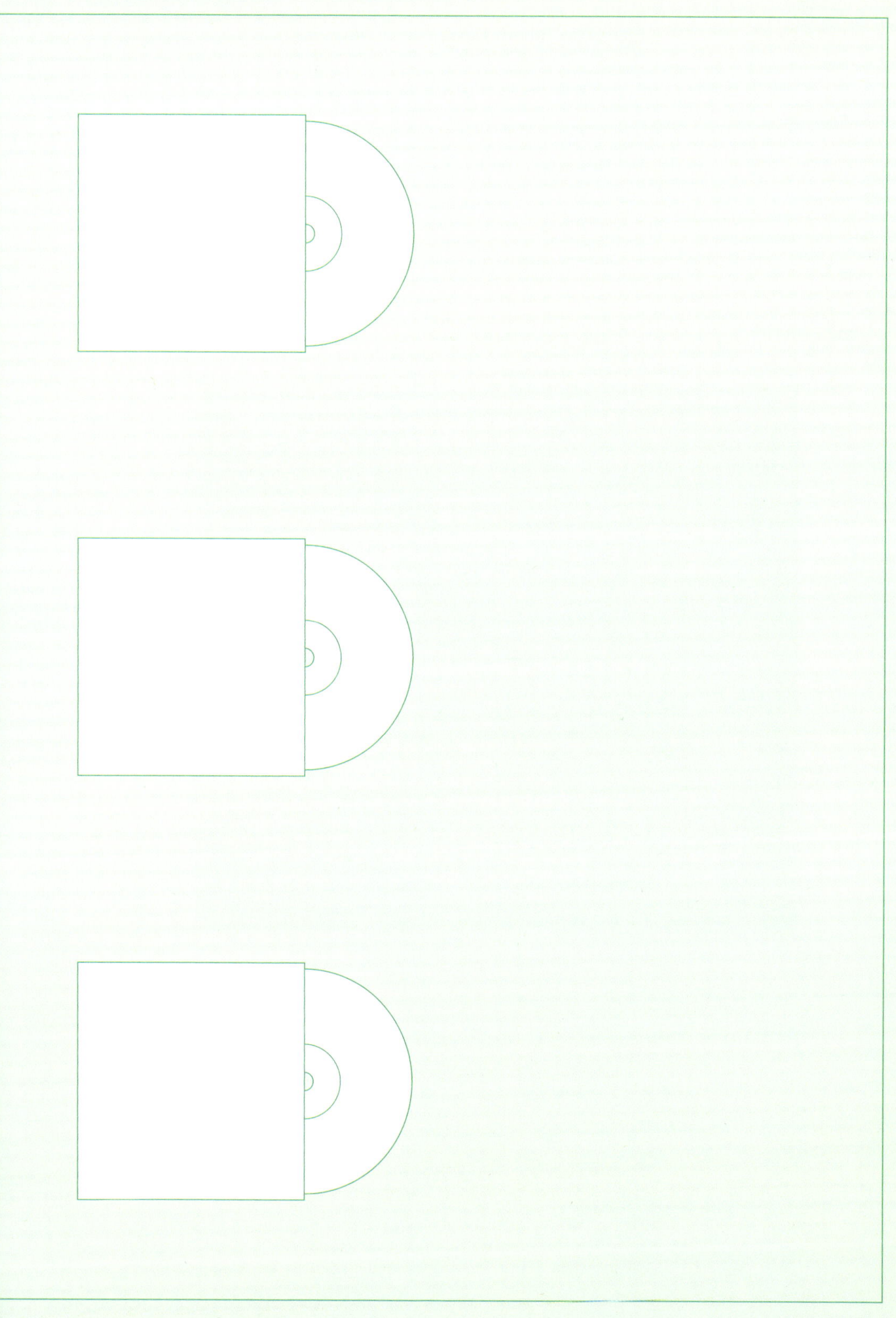

핵심 가이드

- 뮤직멘터리는 음악을 활용한 자서전 형식으로 자신의 일상을 기록해 보는 활동이다.
- 내 삶의 경험들과 관련된 테마를 정한다. 테마를 정할 때는 '나'의 특징을 잘 나타낼 수 있는 캐릭터가 무엇인지 생각해 보고, 그것을 특징지을 수 있는지 생각해 본다. 감각적 사고를 활용하여 '나'를 가장 나답게 만들어 줄 수 있는 다양한 장치로 표현한다.
- 테마의 하위 항목으로 내 삶의 경험들을 배치하고, 그 경험을 떠올릴 수 있는 음악을 선정한다.
- 또한 각 경험들과 관련된 당시 찍은 사진, 관련된 영상, 이미지 등 그때를 회상할 수 있는 시각 자료를 찾아 음악과 영상이 어우러질 수 있도록 배치한다.
- 썸네일, 플레이리스트, 앨범 재킷 등을 통해 감각적으로 구현한다.

유직멘터리

핵심 가이드

- 나를 표현할 수 있는 재료들을 수집한다. 예를 들어 '나의 삶에 어떤 중요한 사건이나 계기가 있었는지', '내가 추구하는 삶의 방향은 무엇인지', '내가 좋아하는 것은 무엇인지' 등과 관련된 재료를 최대한 많이 찾는다.
- 수집한 재료 중에서 나를 표현하는 특정한 이미지로 구성할 수 있는 요소들을 선별한다.
- 선별한 요소들을 시각, 청각, 후각, 미각, 촉각 등의 감각이 다채롭게 어우러지도록 활용하여 나만의 개성을 최대한 드러낸다.
- 나를 표현하는 색, 소리, 감촉 등을 활용하여 자신만의 브랜드를 만든다.

1 나를 짓다

'짓다'라는 말에는 재료를 가지고 무언가를 만들거나 글을 쓴다는 의미가 있다. 나를 드러내는 이름도 누군가가 내게 '지어 준' 것이다. 나를 짓는다는 것은 내가 어떤 사람인지, 어떤 캐릭터를 가지고 있는지, 어떤 이미지를 가진 사람인지 표현함으로써 자신만의 브랜드를 만들어 보는 것이다. 시각, 청각, 후각, 미각, 촉각의 감각으로 자신만의 캐릭터를 지어 보자.

내 삶의 재료 찾기

구 분	시 기	내 용
사건 발생		
감정 변화		
좋아하는 일		
추구하는 가치		

내 삶의 재료 찾기

감 각	표현물	내 삶의 재료
시 각		
청 각		
후 각		
미 각		
촉 각		

내 삶의 재료 찾기

영화 속에는 다양한 인물들이 나온다. 그런데 만약 영화에 나오는 인물들이 뚜렷한 개성이 없이 평면적으로 그려진다면 어떤 일이 벌어질까? 비록 줄거리는 이해할 수 있을지라도 영화 자체를 보는 재미는 많이 줄어들 것이다. 그런 이유로 시나리오 작가들은 영화를 구상하면서 등장인물에 다양한 장치를 활용해 저마다 고유한 특성을 부여한다. 가령 날카로운 성격의 인물을 구상할 때 얼굴, 이름, 말투, 옷차림새 등등에 캐릭터의 특성을 살려 줄 수 있는 방법을 고안한다.

영화 〈인사이드 아웃〉 캐릭터 포스터

영화 〈인사이드 아웃〉 공식 트레일러
https://www.youtube.com/watch?v=seMwpP0yeu4

영화에서 색은 단순히 빨강, 파랑 노랑과 같은 시각적 의미 전달의 기능만을 지니고 있지 않다. 색이 지니고 있는 고유한 의미와 상징은 영화 속 인물의 특성이나 전반적인 분위기를 소통하는 중요한 수단이 될 수 있다. 피트 닥터Docter, Pete 감독의 영화 〈인사이드 아웃〉은 이러한 색의 특징을 효과적으로 사용한 사례라고 할 수 있다. 영화는 우리 머릿속에 감정 컨트롤 본부가 존재한다는 설정으로 시작한다. 그리고 그 본부에서는 기쁨, 슬픔, 버럭, 까칠, 소심의 다섯 감정이 활동한다. 이때 영화에서는 각각의 감정에 고유한 색을 부여하여 표현한다. 어떤 상황 속에서도 재미를 찾아가는 '기쁨이'는 노란색으로, 자신이 잘하는 것이 무엇인지 잘 알지 못하는 '슬픔이'는 파란색으로, 불같은 성격의 소유자로 계획이 틀어지면 폭발하는 '버럭이'는 빨간색으로 표현된다. 이때 각각의 색은 임의로 선택된 것이 아니다. '기쁨이'에게는 밝고 경쾌한 봄과 같은 이미지의 노란색, '슬픔이'에게는 우울한 느낌을 주는 파란색, '버럭이'에게는 불처럼 화끈한 이미지의 빨간색을 활용한다. 이를 통해 색채만으로도 캐릭터의 성격을 어느 정도 추측할 수 있게 했다. 이외에도 본인의 확신대로 움직이는 '까칠이'는 녹색으로 표현했는데, 제작진이 당초에 '까칠이'를 생각했을 때 가장 먼저 떠오른 것이 바로 쓴맛을 지닌 브로콜리였기 때문이라고 한다. 또한 제작진은 심리적으로 불안해 보일 수 있는 '소심이'에게는 보라색을 부여했다고 한다.

이렇게 색으로 감정의 캐릭터를 표현하는 것이 어떻게 가능한 것일까? 그것은 바로 우리의 문화 체계 안에서 특정한 색이 상징하는 바를 해석할 수 있는 능력을 갖고 있기 때문일 것이다. 상징이란 추상적인 개념이나 사물을 구체적인 무엇으로 표현하는 것을 이른다. 가령 비둘기가 나타내는 지시적 의미는 하늘을 나는 새이지만, '평화의 상징으로서의 비둘기'는 평화라는 추상적인 개념을 비둘기를 매개로 하여 표현하는 것이다. 이러한 상징에서 중요한 것은 '해석'이다. 다시 말해, 상징은 그것을 대다수 사람이 동일한 의미로 해석할 수 있을 경우에 비로소 가치를 지니게 된다. 가령 비둘기를 보고 혹자는 평화를 떠올리지만, 다른 누군가가 불결함을 떠올린다면 그것은 실패한 상징이 되는 것이다.

영화 〈드라큘라〉의 두 주인공

〈드라큘라〉 트레일러
https://www.imdb.com/video/vi3978142745?playlistId=tt0103874&ref_=tt_ov_vi

이러한 모습은 프랜시스 포드 코폴라Coppola, Francis Ford 감독이 연출한 영화 〈드라큘라〉에서도 찾아볼 수 있다. 이 영화에서는 붉은색과 하얀색이 각각 주인공인 드라큘라 백작과 드라큘라의 연인인 '미나'를 상징하는 색으로 사용되었다. 드라큘라를 지배하는 붉은색은 피를 상징하는데, 이는 곧 드라큘라의 상징이기도 하다. 그뿐만 아니라 이 붉은색은 영화에서 적극적으로 활용되어 공포와 그로테스크한 분위기를 자아낸다. 이에 반해 드라큘라의 연인인 '미나'를 지배하는 하얀색은 붉은색과 대비되는 것으로 순수함을 상징한다. 특히 영화 속에서 순수의 상징인 '미나'가 드라큘라 백작에게 운명적으로 빠져들게 된 이후에는 붉은색 드레스를 입고 나타나는데, 이 장면에서 우리는 색을 통해 인물의 모습을 상징적으로 표현하려는 감독의 의도를 확인할 수 있다.

영화 속 등장인물의 특징은 시각적 감각 외에 다른 감각을 통해서도 형상화된다. 냄새의 영화라 불리는 〈기생충〉은 실제로 냄새가 나는 것이 아닌데도, 극 중 곰팡이가 핀 장면에서 눅눅한 냄새가 연상될 만큼 이를 감각적으로 표현하였다. 반지하의 퀴퀴한 냄새를 가난의 냄새로 전환시키면서, 냄새로 인물들 간의 갈등과 대립을 표현하고 있다. 특히 서로 냄새를 맡을 수 있는 가까운 거리, 밀폐된 공간 안에서 글로벌 IT기업 CEO인 '동익'은 그의 운전수 '기택'이 풍기는 냄새를 견디지 못한다. 자신에게서 나는 냄새 때문에 코를 막는 '동익'의 모습을 본 '기택'은 이곳저곳 냄새를 맡아 보지만, 그 냄새를 알아차리지 못한다. 반지하에서 전원 백수로 살아가는 '기택'의 식구들은 가난의 냄새로 형상화된 캐릭터들인 것이다.

영화 〈기생충〉 포스터

이러한 모습은 시각과 청각과 같은 감각뿐만 아니라, 주인공의 이름을 통해서도 확인할 수 있다. 우리는 영화를 보기 전 주인공의 이름을 통해 인물들의 특징에 대해 짐작할 수 있다. 따라서 시나리오 작가들은 영화 속 주인공의 이름을 지을 때 영화의 전개나 인물의 특징을 직관적으로 보여 줄 수 있는 방법에 대해 고민한다. 이러한 모습은 바이론 하워드Howard, Byron P.와 리치 무어Moore, Rich 감독이 연출한 영화 〈주토피아〉를 통해 확인해 볼 수 있다. 영화 〈주토피아〉는 연쇄 실종 사건이 발생한 도시에서 최초의 토끼 경찰관 '주디 홉스'가 사건을 해결해 나가는 과정을 보여 준다. 이때 주토피아의 부시장인 '벨웨더'는 경찰학교를 졸업한 주인공 '주디 홉스'에게 환대와 관심을 보인다. 여기에서 더 나아가 그는 '주디 홉스'가 해결하려는 사건에 많은 도움을 주며, 수달 실종 사건을 '주디 홉스'가 맡을 수 있도록 도와준다.

하지만 실제 '벨웨더'는 겉으로 보이는 순진하고 연약한 양의 모습이 아닌 영화 속 모든 악의 근원이었다. 그는 보이는 모습과는 다르게 맹수들의 야성을 부추겨 초식동물들의 공포감을 조성하고, 이

영화 〈주토피아〉의 '벨웨더' 등장 장면

영화 〈주토피아〉 중 '벨웨더' 등장 장면
https://www.youtube.com/watch?v=LIGRaw9zRZ0

영화 〈라이온 킹〉 캐릭터 포스터

영화 〈라이온 킹〉 트레일러
https://www.youtube.com/watch?v=7TavVZMewpY

로부터 지배자가 될 야욕을 꿈꾸는 존재였다. 이러한 모습은 그의 이름을 통해 상징화된다. 바로 양들의 우두머리라는 뜻을 가진 'Bellwether'라는 이름에는 겉으로는 선하고 순진해 보이지만, 사실은 그렇지 않다는 의미가 담겨 있는 것이다. 영화 〈주토피아〉는 캐릭터의 특징과 관객들이 느낄 반전의 정서를 이름을 통해 상징적으로 보여 준다.

이런 사례는 영화 〈라이온 킹〉 속 등장인물의 이름에서도 확인할 수 있다. 영화 〈라이온 킹〉에서 주인공 '심바'는 아버지 '무파사'를 삼촌 '스카'의 음모로 잃고 왕국에서 쫓겨난다. 그는 비록 죄책감에 시달리지만, 옛 친구 '날라'의 도움으로 과거를 마주할 용기를 얻고 이후 '품바'와 '티몬'의 도움으로 희망을 찾는 도전의 여정을 떠난다. '심바'는 사자, '무파사'는 왕, '날라'는 선물의 의미를 갖고 있다. 이름의 의미를 알고 있다면, 우리는 '날라'가 주인공 '심바'에게 선물과도 같은 존재가 될 것이라고 예상할 수 있을 것이다.

우리는 단순히 줄거리만으로 영화를 감상하지 않는다. 시각, 촉각, 청각, 심지어는 인물의 이름에 이르기까지 영화를 구성하는 다양한 요소들의 상호 작용을 통해 영화를 경험한다. 영화 주인공들은 작품 내용 속 인물의 성격과 이미지를 보여 주기 위해 특정한 캐릭터를 갖고 등장한다. 캐릭터성이 강할수록 그 인물에 대한 관객의 몰입도가 높아질 뿐만 아니라, 그 인물에 대한 기억이 오랫동안 남게 된다. 관객에게 강렬한 인상을 남기는 캐릭터는 대개 인물의 이미지와 개성을 드러낼 수 있는 다양한 장치를 활용하여 캐릭터성을 높인 경우가 많다. 우리는 눈으로 영화를 보지만, 귀로 들으면서 맛과 냄새도 함께 느낄 수 있는 다양한 감각적 재현을 통해 영화에 몰입한다. 즉 공감각적 재현을 통해 영화를 보는 것이다.

공감각적 재현

공감각은 청각의 시각화, 시각의 청각화 등 하나의 감각이 동시에 다른 영역의 감각을 불러일으킴으로써 나타나는 현상을 의미한다. 즉 특정한 소리를 통해 시각적 이미지를 떠올리게 하거나, 반대로 특정한 시각적 이미지를 통해 소리를 떠올리게 하는 과정을 통해 다양한 감각이 함께 작동하여 나타나는 경우에 해당한다. 이때 이미지의 연쇄, 혹은 언어의 전개 과정에서 청각이나 촉각과 같은 다른 감각이 함께 상호 작용하면서 대상의 의미를 재현할 수 있다. 이 과정을 공감각적 재현이라고 부른다.

오감 확장하기

시각, 청각, 후각, 미각, 촉각으로 얻는 오감의 경험을 능동적으로 확장할 때 우리의 창의성을 이끌어 내는 공감각의 역량은 더욱 활성화된다. 감각과 감각 사이에는 긴밀한 상관성이 있는데, 이들을 서로 결합시킬 때, 하나의 감각으로 얻은 기존의 정보는 지각력이 더해져 새로운 정서와 심상을 낳는다.
예컨대 한국철도공사(KORAIL) 전화번호 뒷자리인 '7788'이라는 시각 정보에 '칙칙폭폭'이라는 청각 정보를 더할 때, 기억력이 향상되는 경우가 그렇다. 또 '매운 계절의 채찍에 갈겨'(이육사 시인의 「절정」), '향료를 뿌린 듯 곱다란 노을'(김광균 시인의 「데생」) 등의 시구, '맛있는 소리'라는 제목과 더불어 소비자의 미각을 청각으로 자극하는 국내 라면 회사의 광고에 나타난 '맛있는 신라면의 소리' 등과 같이 미각과 촉각, 후각과 시각의 전이 또는 병합에 의해 수용자에게 새롭게 다가가는 경우도 그와 같은 예이다.

핵심 가이드

■ 내 삶을 되돌아보며 주요 사건이나 변곡점을 3개 이상 찾아본다. 특정 사건이나 현상이 아니더라도 가치관이 형성되거나 변화되었을 때, 어떤 음악이나 책이 유독 기억에 남을 때, 새로운 취미가 생겼을 때 등 소소한 일상도 가능하다. 다만, '나'를 드러낼 수 있는 의미 있는 소재여야 한다.

■ 그때의 감정, 분위기, 의미 등을 가장 잘 표현해 줄 수 있는 소리를 찾아본다. 소리는 음악일 수도 있고, 효과음일 수도 있으며, 자유롭게 편집해도 된다.

2 내 생애 OST를 만나다

삶은 수많은 문제와 사건, 판단과 선택의 연속이다. 그 과정에서 우리는 기쁨, 슬픔, 괴로움, 행복, 고통, 좌절, 성취, 즐거움 등 다양한 감정을 느낀다. 우리는 숱한 고난을 견디며 조금씩 성장해 오늘을 살아가고 있다. 지나온 날을 되돌아보며 내 삶의 변곡점을 찾아보자. 그리고 그 변곡점을 거치면서 느꼈던 감정을 떠올려 보며, 그때 그 모습을 표현할 수 있는 음악을 선정해 보자.

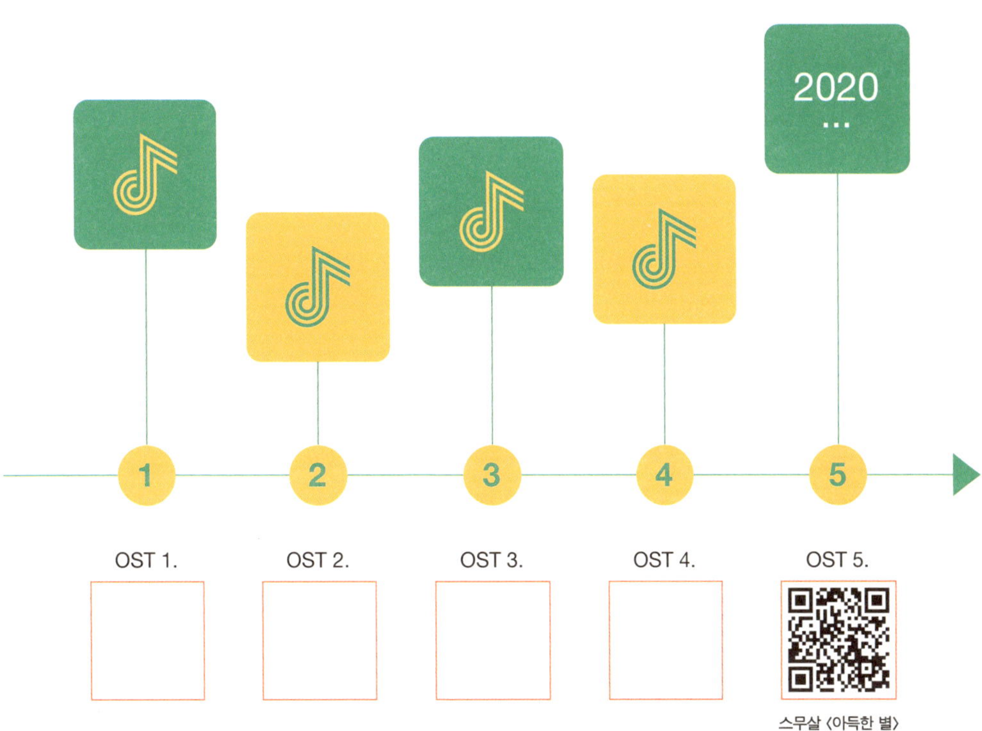

스무살 〈아득한 별〉

영화에는 관객들에게 이야기를 효과적으로 전달하기 위해 다양한 장치들이 사용된다. 그중 대표적인 것이 오리지널 사운드 트랙(Original Sound Track)이다. 영화에 사용되는 음악은 크게 기존의 곡을 사용하는 방법과 새롭게 창작하는 방법으로 나눌 수 있다. 이때 전자는 관객들이 이미 알고 있는 곡을 바탕으로 영화의 내용을 친숙하게 전달하는 기능을 한다. 예를 들어 김현석 감독의 영화 〈쎄시봉〉 OST는 기존에 존재하는 포크 음악들을 적극 활용하였다. 이를 통해 영화는 관객들에게 영화의 배경이 되는 시대에 대한 추억과 향수를 불러일으키는 것뿐만 아니라, 음악을 통해 그 시대를 친숙하게 전달한다. 반면 창작곡을 사용할 경우, 영상의 스토리를 충실히 반영할 수도 있고, 관객에게 미리 스토리를 알려 주기도 한다. 이 두 가지 방법은 서로 조금 다른 듯하지만, 영화 OST를 통해 관객들에게 영화의 메시지를 감각적으로 전달한다는 공통점이 있다. 다시 말해 영화 OST는 감각적으로 인물이나 사건의 분위기를 조성하는 과정에서 관객들의 '청각적 상상'을 자극하고, 이를 통해 언어가 전달하는 것 이상으로 효과적인 소통 수단이 될 수 있다.

영화 OST는 가사를 통해 메시지를 전달하는 것뿐만 아니라, 직관적이고 감각적인 맥락에서 분위기를 형성하는 기능을 한다. 그리고 이러한 분위기를 바탕으로 감각적 소통이 일어난다. 우리는 영화 OST를 들으면서 특정한 이미지를 상상하게 되고, 그것을 바탕으로 언어적 메시지를 넘어서 소통이 가능하다. 영화 OST의 이러한 효과를 가장 잘 활용한 작곡가로 엔니오 모리꼬네Morricone, Ennio를 들 수 있다. 그가 작곡한 다양한 음악 중 롤랑 조페Joffe, Roland 감독의 영화 〈미션〉의 주제곡인 「가브리엘의 오보에」(*Gabriel's Oboe*)를 살펴보자.

영화 〈미션〉 중 가브리엘 신부와 원주민이 만나는 장면

영화 〈미션〉 중 「가브리엘의 오보에」
https://www.youtube.com/watch?v=C-AZ0mnSDrE

영화 〈미션〉은 18세기 원주민 과라니족의 마을에서 선교 활동을 벌이는 사제 가브리엘의 이야기를 그리고 있다. 몇몇 동료 신부들이 이미 과라니족에게 붙잡혀 순교했지만 가브리엘 신부는 밀림에서 그들과 마주한 순간, 오보에를 연주한다. 경계심과 적의로 가득 찼던 과라니족은 처음 듣는 아름다운 선율을 통해 가브리엘 신부의 진심을 깨닫고 마음을 열게 된다.

언어 소통이 불가능한 상태에서 낯선 사람으로 취급받던 가브리엘 신부는 원주민들과 만남의 과정에서 불안함을 느꼈을 것이다. 이는 원주민들도 마찬가지였다. 이때 가브리엘 신부는 자신이 가지고 있던 오보에를 가지고 원주민들 앞에서 음악을 연주한다. 이때 신부가 연주한 음악은 단순한 소리가 아니라 원주민들의 적대감을 전환시키는 역할을 한다.

영화 〈미션〉에 나오는 「가브리엘의 오보에」는 아름다운 소리로서만 기능하는 것을 넘어서 비록 언어가 통하지 않지만 직관적인 소통을 가능하게 하는 특정한 분위기를 형성한다. 다시 말해, 음악은 자신이 전하고 싶은 메시지를 듣는 이로 하여금 청각을 통한 상상을 가능하게 하여 비언어적인 방식으로 소통하게 한다. 더 나아가, 영화의 중요한 장면 장면에서 함께 재생되는 소리 혹은 음악은 이미지만 재생되는 경우보다 영화를 감상하는데 효과적으로 활용된다. 영화 〈죠스〉에서 아래 포스터의 이미지만으로는 주인공이 처한 위급한 상황을 온전히 설명할 수 없을뿐더러, 그 분위기가 직접적으로 느껴지지 않는다. 하지만 이 포스터와 함께 "따~단 따~단 따단따단"의 음향이 더해지면서 우리는 포스터가 시각적으로 형상화하는 것 이상으로 상황의 긴박함을 이해할 수 있게 된다. 이처럼 소리는 영상이나 언어적 메시지와 결합하면서 공감각적으로 재현되어 기존의 분위기를 고조시키거나 특정한 방향으로 전환하는 역할을 한다.

영화 〈죠스〉 포스터

영화 〈죠스〉 메인 테마곡
https://www.youtube.com/watch?v=lV8i-pSVMaQ

이때 영화 OST는 어떠한 맥락 속에서 소통되는가에 따라서 전달하려는 의미가 변화하기도 한다. 이러한 모습은 라스 폰 트리에Trier, Lars von 감독의 〈어둠 속의 댄서〉와 이 영화에 삽입된 〈사운드 오브 뮤직〉의 OST 중 *My Favorite Things*를 통해 생각해 볼 수 있다. 우리는 영화 〈사운드 오브 뮤직〉의 OST *My Favorite Things*가 형성하는 영화 속 분위기에 대해 잘 알고 있다. 그리고 그것을 들으면서 여러 인물들이 모여 자신이 좋아하는 것에 대해 수다를 떠는 밝은 분위기를 떠올린다. 하지만 〈어둠 속의 댄서〉에 나타나는 *My Favorite Things*는 가사와 멜로디 전개가 비슷하다고 할지라도 기존 〈사운드 오브 뮤직〉과는 조금 다른 이미지를 떠올리게 한다.

영화 〈어둠 속의 댄서〉의 *my favorite things*
https://www.youtube.com/watch?v=9GKIVl5sxew

영화 속 주인공 '셀마'는 시력을 잃어가는 인물이다. 노래와 춤이 유일한 삶의 기쁨이던 '셀마'는 자신이 선망했던 미국 사회에서 이민자라는 이유로 무시당한다. 그럼에도 자신과 마찬가지로 시력을 잃어가는 아들을 위해 돈을 모으며 살아간다. 그러던 어느 날 '셀마'는 억울한 누명을 쓰게 되고, 살인죄로 사형을 선고받는다. 절망의 과정에서 그녀는 뮤지컬 교실에서 배운 〈사운드 오브 뮤직〉을 생각하며 상상 속의 뮤지컬을 펼친다. 그녀는 점점 시력을 잃어가지만, 그녀의 상상 속에 전개되는 〈사운드 오브 뮤직〉의 음악들은 영화 〈사운드 오브 뮤직〉과는 다른 이미지로 다가온다. 이러한 모습은 영화 〈사운드 오브 뮤직〉의 *My Favorite Things*와 비교해 본다면 더욱 명확하게 이해할 수 있다.

이처럼 음악은 시각처럼 형태를 갖춘 이미지만을 상상하게 하는 것이 아니라, 어떻게 결합되는가, 혹은 어떠한 맥락에서 활용되는가에 따라서 전혀 다른 감각의 이미지를 형상화할 수 있으며 우리의 무한한 상상력을 자극시킨다.

영화 속에서 음악은 어떠한 맥락에서 어떻게 사용되는가에 따라서 줄거리가 보여 주는 것 이상의 내용을 우리에게 전달한다. 즉, 영화의 전체적인 분위기를 형성하는 것뿐만 아니라 관객에게 '청각적 상상'을 전개하여 등장인물을 둘러싼 삶의 궤적을 깊이 느끼도록 한다.

이러한 모습은 데이미언 셔젤Chazelle, Damien 감독의 〈라라랜드〉의 *City of Stars*, 그리고 크리스 벅Buck, Chris과 제니퍼 리Lee, Jennifer 감독의 〈겨울왕국 1〉의 *Let it go*를 통해서도 확인할 수 있다.

영화 〈라라랜드〉 속 주인공인 재즈 피아니스트 '세바스찬'과 배우 지망생 '미아'는 미숙하지만 뜨거웠던 젊은 시절, 그들의 꿈을 함께한다. 마음과 달리 서툴렀던 모든 순간들을 지나 그들은 이별을 맞이하게 되고, 오랜 시간이 흐른 후 우연히 '세바스찬'이 운영하는 클럽에 남편과 함께 '미아'가 방문하면서 그 둘은 재회한다. '세바스찬'의 피아노 연주가 시작되고, 그들이 놓쳤던 모든 순간이 '만약 우리가 달랐더라면…'의 순간들로 대체된다. 영화의 엔딩 OST *City of Stars*는

영화 〈사운드 오브 뮤직〉의 *my favorite things*
https://www.youtube.com/watch?v=0lagRZBvLtw

영화 〈라라랜드〉 엔딩 장면 스틸컷

영화 〈라라랜드〉 엔딩 장면
https://www.imdb.com/video/vi2814621465?ref_=ttvi_vi_imdb_8

폭풍우처럼 이어지는 안타깝고 아름다운 장면들로 관객을 안내한다. 그리고 우리는 이 음악을 들으면서 두 주인공들이 함께 사랑을 나누었던 영화의 이전 장면들과 함께 서로가 서로를 바라보는 눈빛이 담고 있는 의미를 조심스럽게 느끼게 된다. 다시 말해, 두 주인공의 삶을 영화 〈라라랜드〉의 엔딩 OST *City of Stars*가 감각적으로 재현하고 있는 것이다.

영화 〈겨울왕국〉은 주인공의 성장 서사라고 할 수 있다. 아렌델 왕국의 공주인 '엘사'는 손에 닿는 모든 것을 얼어붙게 만드는 마법을 지닌 채 태어났다. 그러나 '엘사'의 그러한 힘 때문에 동생 '안나'가 다치게 된 이후 그 위험성을 절감한 부모는 딸의 마법을 감추기 위해 노력한다. 외부와 철저히 단절된 채 살아가던 '엘사'는 결국 동생 안나와도 멀어지고 만다. 그러나 갑작스러운 부모의 죽음 이후 대관식을 치르게 된 '엘사'는 자신의 능력이 사람들 앞에서 드러나자 곤란에 처하게 되고 그 힘을 더 이상 통제하기 어려워지자 아렌델 왕국을 떠나야 하는 처지가 된다. 한편 '엘사'가 떠난 이후 아렌델 왕국은 온기를 잃은 채 모든 것이 얼어붙는 상황에 처하게 되고, '안나'는 이 모든 문제를 해결하고자 언니 '엘사'를 찾아 나서게 된다. 이때 '엘사'가 부른 *Let it go*는 단순히 영화의 극적 분위기를 형성하는 역할만을 하지 않는다. *Let it go*라는 음악은 '엘사'가 자신을 옭아매는 두려움을 떨쳐내는 모습을 표현한 것으로 우리의 청각을 약동하는 매체로 기능한다. 이로써 우리는 영화 속 *Let it go*를 통해 '엘사'가 어떠한 인물인지를 알게 된다. 그리고 이렇게 음악을 통해 우리 내면에 저장된 영화에 대한 인상은 우리가 어디선가 *Let it go*를 우연히 듣게 되어도 〈겨울왕국〉에서 이 노래를 부르는 '엘사'의 모습으로 재생될 것이다. 다시 말해, 영화를 눈과 귀로 담은 우리들의 상상 속에서 주인공의 삶이 음악의 선율과 더불어 더욱 다채롭게 펼쳐지는 것이다.

음악은 그 자체로도 충분히 가치가 있다. 다시 말해, 음악만으로도 부르고 감상하는 과정을 통해 우리는 정서적 안정이나 기분 전환을 비롯한 다양한 효과를 얻을 수 있다. 하지만 영화 OST는 영상, 서사, 인물 등과 상호 작용하며, 더 많은 효과를 생산한다. 다시 말해, 음악은 영화의 전체적인 혹은 몇몇 장면의 분위기를 형성하는 데 직접적인 영향을 끼칠 뿐 아니라, 청각적 상상을 통해 영상과 서사가 전달하는 것 이상의 의미를 전달할 수 있다. 또한 이러한 과정에서 음악은 영화 속 등장인물의 정체와 그의 삶을 관객에게 감각적으로 전달하는 기능 역시 수행한다. 이처럼 우리는 음악을 특정한 맥락 속에서 활용하면서 어떤 분위기를 만들어 내기도 하고, 멜로디가 전개되는 흐름들 속에서 우리가 의도하는 삶의 지향을 표현하기도 한다.

감각적 사고

사람들은 누구나 당면한 다양한 사태에 대하여 인지하고 기억하고 유추하고 상상하고 그로부터 문제를 해결하기도 하지만, 동일한 사태에 대하여 누구나 똑같이 생각하는 것은 아니다. 각 개인에 따라 그 유형은 천차만별이다. 그것은 언어적·논리적인 사고와 직관적·감각적 사고가 어떻게 균형을 이루는지에 달려 있다. 그중 감각적 사고는 비언어적·비개념적 인지를 통틀어 지칭하는 개념이다. 즉 언어나 개념을 통해 사고하는 것이 아니라, 이미지나 소리, 촉감 등의 감각으로 기억하고 이해하는 사고를 뜻한다.

누구나 어떤 물체나 공간에 대하여 감각으로 기억했던 경험이 있을 것이다. 말로는 표현하기 힘들지만 어떤 장소의 독특한 냄새가 자신도 모르게 기억에 남아 있는 경우가 그렇다. 그런 경우 전혀 다른 장소에서 그 냄새가 감각되면 자신도 모르게 불현듯 그 장소가 떠오른다. 어떤 사람과 비슷한 음색을 가진 목소리를 들으면 '아, 어디서 들었던 목소리인데?' 하면서 기억마저 흐릿한 그 사람이 갑자기 생각나기도 한다. 몸이 기억하고 몸이 생각하는 것이다. 감각적 사고는 이렇게 대상에 대한 직접적인 경험으로부터의 기억과 사고이기 때문에 직관적 성격을 갖는다고 할 수 있다.

이러한 직관적 성격을 바탕으로 우리는 음악을 청취하면서 특정한 분위기에 휩싸이게 된다. 분위기란 "특정 텍스트와 긴밀하게 연결되어 나타나는 일관적인 인상 혹은 전체를 이끌어가는 지배적인 정서"를 의미한다. 우리가 음악을 듣는 과정에서 지각되는 분위기는 언어적·논리적 사고의 측면에서 분절적으로 다가오기보다는 해당 환경 속에 던져진 몸을 매개로 '직관적·감각적 사고'의 측면으로 다가온다.

청각적 상상

사전적 의미에 따르면, 청각(소리)은 시각과 함께 사물 인식에 중요한 역할을 담당하는 감각이다. 그러나 시각이 형상을 갖춘 사물을 감지하는 것에 반해, 청각은 무형의 것을 감수(感受)하므로 우리는 청각을 통해 드넓은 상상을 전개할 수 있다. 따라서 청각에 의지하여 작동되는 상상의 역량은 시각에 기초하는 그것에 비해서 새로운 표현 방법을 다양하게 만들어 낼 수 있으며, 그에 따라 새로운 의미를 창출할 가능성도 많다고 볼 수 있다.

예컨대 음향 도형을 소리 나는 상형문자로 인식하고서, 파가니니 바이올린 연주나 리스트의 피아노 연주와 같은 청각 자료에서 받은 감흥을 문학적으로 묘사한 독일 시인 하인리히 하이네Heine, Heinrich의 경우나 "검은 A, 하얀 E, 빨간 I, 초록의 U, 파란 O. 모음들이여, 나는 언젠가 너희들의 잠재된 탄생을 말하리라"(「모음들」)고 노래한 프랑스 시인 아르튀르 랭보Rimbaud, Arthur의 경우는 감각(청각)과 감각(시각)이 결합하면서 무한히 만들어 내는 상상의 역량을 가늠하게 해 준다.

Social Influencer

사회 영향자

일을 할 수 있는 청년은 일을 하고, 소리를 낼 수 있는 사람은 소리를 내며,
열이 있으면 그만큼의 빛을 내야 한다.
설령 반딧불만한 빛이라 할지라도 어둠 속에서 빛날 수 있다면
횃불을 기다리지 않아도 된다.

— 루쉰

아카이브 Archive 구축과 공유

아카이브는 보존 가치가 있다고 여겨지는 자료를 선정하여 수집하고 기록 관리한 곳을 의미한다. 아카이브는 문서나 신문, 도서, 디지털 자료 등 기록물 자체를 보관한다는 측면에서는 도서관의 기능과 유사한 점도 있지만, 그 대상이 그림이나 음악, 영상, 게임 등 범주가 다양하고 개인이 어떤 목적을 가지고 만들 수 있다는 점에서는 차이가 있다. 최근에는 아카이브가 IT용어로서 데이터 저장 기법을 의미하여 보존이 필요한 데이터를 구축하고 보관하는 것을 의미하기도 한다.

방대한 자료를 보유하고 있는 것으로 유명한 독일의 '마르바흐 독일문학아카이브'는 책과 문서 등으로 구축한 아날로그 자료들이 접근성이나 활용도가 떨어지는 점을 보완하고 체계적인 정보 제공을 위하여 아카이브의 디지털화를 추진하고 있다. 우리나라 공공기관에서도 디지털 아카이브를 다양하게 구축하고 있다. 그중에서도 문화재청에서 무형문화재를 보존하기 위하여 구축한 '무형유산 디지털 아카이브 시스템'은 아카이브를 통해 어떤 분야의 보존과 축적, 콘텐츠 공유 및 정보 제공 등이 어려웠던 점을 상당 부분 해소하였다.

이렇듯 아카이브는 '공유'라는 사회적 기여의 의미를 지니기도 하지만, 개인적으로 유의미한 자료들을 수집하고 축적하면서 그것을 체계화하고 분류 보관함으로써 보다 빠르고 손쉽게 필요한 자료를 찾고 활용할 수 있다는 점에서도 의미를 지닌다.

개인의 기록과 사회적 의미

그들은 어떻게
난민이 되었는가

VISA,
허용과 배척

너와 우리의
이야기

Archive

FILE

ZIP

인류애는
실재하는가

IMG

막아야 하나,
막지 말아야 하나

영화 속
난민스토리

핵심 가이드

- 일기, 편지, 수상록, 평론, 감상문, 기행문, 인터뷰, 자전 소설, 그 외 자유롭게 쓴 개인의 기록물 중에서 사회적으로 의미를 부여할 수 있는 자료를 수집한다.
- 사회적 의미는 하나의 주제로 선정하도록 하며, 주제 선정 후 개인의 기록물들을 분류하고 목록화한다. 분류에 따라 하나의 폴더에 어떤 자료를 넣을 것인지 결정되면 폴더명을 붙이고 그것이 대분류의 목록이 될 수 있도록 한다.
- 광고나 다큐멘터리 등 개인이 기록되어 있는 다른 형태의 기록물까지 범주를 확장할 수 있다. 또한 자신이나 가족, 친구 등 가까운 지인들의 개인적인 기록물까지 포함하여도 좋다.
- 개인의 기록물로 구축한 아카이브가 어떤 사회적 의미를 지니는지 스토리텔링으로 소개하는 글을 적도록 한다.

아카이브 스토리텔링

핵심 가이드

- 개인의 사적인 내용이 담겨 있는 유명한 글들을 찾아 읽어 본다.
- 잘 알려져 있지 않으나 읽을 수 있도록 공개된 개인의 기록물도 찾아 읽어 본다.
- 읽은 것들 중에 의미 있다고 판단한 글의 글쓴이와 작성 시기, 기록물의 유형 등을 파악하고 주요 내용을 요약한다. 키워드도 여러 개 적어 두는 것이 좋다.
- 기록물을 선정한 이유를 가능한 한 자세하게 적는다.
- 가능하다면 다양한 유형의 기록물을 찾아 읽도록 한다. 유형이 다르면서도 유사한 메시지를 전달하고 있는 기록물들이 보인다면 '나만의 아카이브'를 풍성하게 구성하는 데에 유익할 것이다.

1 자기인식과 일상의 기록

일기, 수상록, 에세이, 평론, 편지, 기타 소감 등 개인의 일상과 의식을 엿볼 수 있는 기록물 중 글쓴이가 다른 몇 편의 기록물을 선정하여, 그것을 선정한 이유를 밝히고 기록물의 내용을 간략하게 요약하여 보자. 일기나 편지의 경우처럼 한 권의 서적으로 출판된 경우, 날짜별로 혹은 소항목별로 한 편 한 편 각각의 의미를 찾아서 선별하여 보자. 문자 기록물뿐만 아니라 영상 등 다양한 유형의 기록물과 더불어 나 자신이나 가족과 친구 등 지인의 개인적인 기록물도 선정 대상에 포함하여 보자.

자료 n.	글쓴이	작성 시기(년/월/일)	기록물의 유형
주요 내용 요약			
핵심어			
선정 이유			

자료 n.	글쓴이	작성 시기(년/월/일)	기록물의 유형
주요 내용 요약			
핵심어			
선정 이유			

인간은 자신의 경험들을 여러 가지 형식을 통해 표현해 왔다. 하루의 일상을 담는 일기에서부터 개인의 경험을 연대기적으로 구성해 나가는 자서전이나 회고록, 자전 소설, 수기, 기행문이나 그 외 에세이 등이 그 대표적 예이다. 자기 서사의 구성자로 자신을 인식하는 이러한 글쓰기들은 이른바 '서사적 정체성'을 형성해 나가는 데에 큰 도움을 줄 수 있다.

1970년 미국의 진화심리학자인 고든 갤럽Gallup, Gordon G.은 침팬지에 대한 거울 실험을 통해 일부 고등 영장류에게 자아 개념이 존재한다는 사실을 최초로 밝혀냈다. 하지만 자신의 존재에 대해 단순히 인지하는 것을 넘어 스스로를 적극적으로 성찰하며 표현하고 그 결과물을 타인과 공유할 수 있는 것은 인간만이 지닌 고유의 능력이다.

자기인식과 표현이야말로 인간의 근원적·보편적 욕망임에도 불구하고 과거에는 공적으로 자기 자신을 드러내는 것이 특정 계층이나 개인에게 매우 제한적으로 허용되었다. 평범한 사람들이 자기의 사적 기록을 다수의 타인들과 널리 공유하기란 결코 쉬운 일이 아니었다. 그러나 현대에 이르러 컴퓨터와 인터넷, 스마트폰 등 디지털 기술의 대중화는 이러한 인간 고유의 욕구가 표출되는 데에 있어 놀라운 변화를 가져왔다. 각종 인터넷 활용 매체와 여러 SNS 등을 활용하여 그 누구라도 자신이 쓴 글과 찍은 사진, 영상 등을 공개하는 일이 가능해진 덕분이다. 나만의 경험과 감정, 일상의 소감이나 다양한 분야의 단평, 새로운 정보 등을 타인과 함께 나눌 방법이 많아지면서 스스로를 표출할 기회가 대폭 늘어난 것이다.

특히 이 가운데 자기 촬영 사진을 가리키는 'The Self-Portrait'의 줄임말 '셀피'(Selfie)는 옥스퍼드 대학 출판사가 2013년 올해의 단어로 선정했을 정도로 현대 사회의 대표적 문화 현상으로 자리 잡았다. 물론 이와 같은 현대인의 자기표현 양상이 타인의 시선이나 일정의 사회적 기준을 의식한다는 점에서 여러 가지 우려를 낳기도 하였다. 지나친 자기과시와 과장, 과도한 인정 욕구 등은 자기 자신의 자유를 속박하게 만들며 인간관계와 소통에도 본질적 문제를 일으키기 때문에 지나친 셀피 지향에 대한 반성적 사고가 공감대를 형성하기도 하였다.

그럼에도 불구하고 프랑스의 철학자이자 정신분석학자인 엘자 고다르Godart, Elsa는 긴 담론의 시대는 끝났으며 이제 세계는 사진으로 '적히고' 인간은 셀피를 통해 존재를 확인한다고 주장한다. "나는 생각한다, 고로 나는 존재한다"라는 데카르트의 명제에 대해 이 시대는 "나는 셀피한다, 고로 존재한다"라고 대답한다는 것이다. 분명한 사실은 문자는 물론 이미지와 영상 등을 활용함으로써 현대인들은 자신의 삶을 이전에 비할 수 없이 보다 풍부하게 기록하며 표현할 수 있는 기회를 갖게 되었다는 점이다.

이렇듯 일기나 편지, 평론이나 에세이 등 개인의 기록은 개인의 자기인식과 자기표현 의지를 나타내는 것이지만 때때로 그것은 많은 사람들에게 깨달음과 감동을 불러일으키기도 한다. 다음은 영국의 탐험가 로버트 팔콘 스콧Scott, Robert Falcon이 남극 탐험 기간 동안 쓴 일기 중 마지막 일기이다.

1912년 3월 29일

이 일기를 쓰기까지 엿새가 지났다.

21일 이후 계속적인 폭풍이 서남서와 남서쪽에서 불어오고 있다. 우리는 대원 한 사람에 차 두 잔씩 끓일 분량의 연료를 가지고 있다. 지난 20일에는 겨우 이틀 치의 식량을 가지고 있었다. 매일 우리는 11마일 밖에 있는 기지로 갈 준비를 해왔지만 텐트 밖은 여전히 눈보라가 몰아치는 장면이 계속되고 있다. 사태가 좋아지리라고는 생각하지 않는다. 우리는 끝까지 싸워보려고 하지만 견잡을 수 없이 점점 몸이 쇠약해져 가고 있다. 최후가 멀지 않았다. 유감스러운 일이지만 더 이상 일기를 쓸 수 있으리라고 나는 생각하지 않는다.

— 데이빗 소로·프란츠 카프카 외, 『또 다른 나에게로 가는 일기』, 최석민 옮김, 북인, 2006, 85쪽.

스콧의 유해와 마지막 일기는 1912년 11월 12일에야 발견되었다. 그의 일기 내용이 알려지자 영국인들은 죽음을 생각해야 할 정도로 위험한 상황임을 알면서도 끝까지 용기를 잃지 않고 탐험을 이어간 그의 정신에 큰 감동을 받았고, 영국의 국민적 영웅으로 그를 추앙하였다.

서사적 정체성

최근 연구자들은 시대와 환경의 변화에 따라 정체성의 개념도 변화해야 함을 주장하면서 특히 서사에 의해 구성되는 정체성의 중요성을 밝히고자 한다. 『현대성과 자아정체성』에서 기든스Giddens, Anthony는 "한 인간의 정체성이란 특정한 서사를 지속하는 능력에 있다"고 주장한다. 서사적 정체성은 자신의 삶에 대하여 이야기를 하는 과정 속에서 형성되는 정체성으로 사실만이 아니라 기억에 의존하는 허구적 이야기도 포함한다. 자신의 삶에 대해 이야기한다는 것은 자신에게 일어났던 어떤 경험에 대하여 자신의 해석이나 느낌, 의도, 믿음 등이 내포된 의미 있는 이야기를 구성한다는 것을 뜻한다. 이 이야기는 다시 재해석되고 재구성될 수 있으며 이러한 과정을 통하여 자신이 누구인지 만들어가게 된다. 즉 스스로 만드는 자기 이야기를 통해 자기 자신의 정체성을 형성해 가는 것이다.

서사적 정체성이 의미 있는 또 다른 이유는 이야기 안에 자신뿐만 아니라 다른 사람의 이야기가 얽혀 있기 때문이다. 나와 그의 이야기, 그리고 나와 그가 속한 사회와 문화의 이야기가 포함되어 지속적인 상호 작용을 통해 형성되는 것이 서사적 정체성이다. 이 점이 자아 내부에 고정되어 있고 불변하는 실체로 여겨졌던 과거 전통적인 관점의 정체성 개념과 큰 차이점이다.

자료의 수집과 선별

자료는 형식에 따라 문자 자료, 음성 자료, 이미지 자료 등으로 분류되는데 책, 연구논문, 신문 기사, 사진 자료, 광고, 다큐멘터리, 영화 등 다양한 유형이 있다. 수집한 자료는 정량적인 방법(Quantitative Analysis)과 정성적인 방법(Qualitative Analysis)을 통해 분석할 수 있다. 정량적인 분석으로는 빈도, 비율, 평균 등의 통계값을 얻는 방법이나 연도별, 유형별, 주제별 등 다양한 구분 기준을 설정하여 각 요소별 통계값을 얻어 비교하는 방법 등이 이에 해당한다. 정성적인 분석은 수치보다는 주로 언어, 문자로 표현되는 분석법이며 분석자의 주관이 포함될 수 있다. 자료의 핵심을 파악하여 개요를 작성하는 것, 주인공의 심리 변화의 추이를 기술하는 것 등이 이에 해당한다. 일차로 수집된 자료들이 모두 분석 대상이 되는 것은 아니다. 자료를 통해 도출한 결론의 타당성을 확보하기 위해서는 자료의 정확성, 신뢰성, 권위, 관점의 균형 등을 기준으로 수집한 자료를 평가하여 선별하는 과정이 필요하다.

핵심 가이드

- 앞서 정리한 자료 중에서 흥미로운 주제가 있다면 몇 가지 예비 주제를 선정한다.
- 예비 주제가 갖는 사회적 의미는 어떤 것이 있을지 토의나 인터뷰, 자료 검색 등 다양한 방법을 통해 다각도로 생각해 본다.
- 확보한 자료에서 사회적 의미를 지니는 흥미로운 주제를 찾지 못했다면, 주제를 먼저 선정한 후 자료를 찾는 방향으로 아카이브를 만들 수도 있다. 따라서 개인의 기록을 통해 발견할 수 있는 사회적 의미에는 어떤 것들이 있는지 자유롭게 생각해 보는 시간을 갖는 것도 좋다.
- 몇 가지 예비 주제에 따라 자료 목록을 정리한 후, 확보한 자료 이외에 더 찾아볼 자료나 그와 관련한 검색어를 메모해 놓는다.
- 몇 가지 예비 주제 중에서 최종적으로 '나만의 아카이브'를 만들기 위한 주제 선정 기준을 스스로 정해 본다. 이것은 다른 아카이브와의 차별성과 가치를 부여하는 과정이 될 것이다. 확보한 자료가 희귀하여 그 자료를 포함하는 주제를 선정할 수도 있고, 남다르게 확보한 자료가 많아서 그것을 주제로 선정할 수도 있다. 혹은 주제 자체가 많은 사람들이 알고 싶어 하는 것일 수도 있고, 자신이 관심 있는 분야일 수도 있다.

2 개인의 기록과 의미의 확장

나만의 아카이브 주제 선정 및 구성 준비	
예비 주제 1	
사회적 의미	
확보한 자료 목록	
더 찾아볼 자료 및 검색어	
주제 선정 시 장단점 및 특이점	
예비 주제 2	
사회적 의미	
확보한 자료 목록	
더 찾아볼 자료 및 검색어	
주제 선정 시 장단점 및 특이점	

개인의 경험이라고 해도 그것이 개인적 의미에 그치지 않고 사회적인 의미를 지닐 수 있다. 역으로 사회적인 의미를 지니는 어떤 사건이라고 해도 그것은 인간 개인에게 영향을 미치는 사적 경험과 맞물려 있기도 하다. 개인은 가족에서부터 국가, 그 이상의 범주까지 다양한 사회에 속하여 존재하기 때문이다.

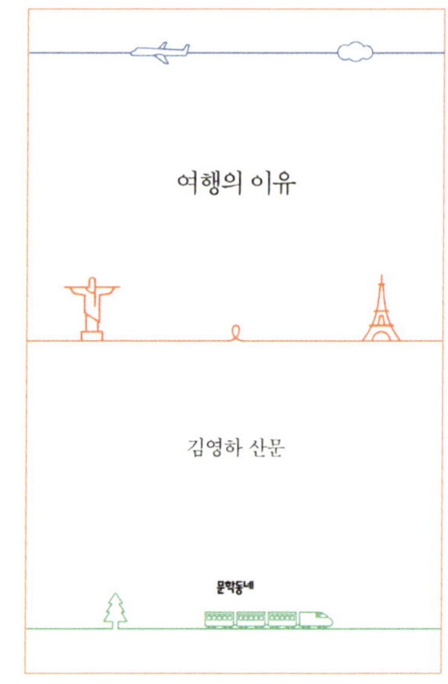

김영하의 『여행의 이유』 표지

김영하는 산문집 『여행의 이유』에서 중국을 여행하려다가 입국도 못해 본 채 추방당한 개인의 경험을 이야기한다. 2005년 12월 상하이 푸동 공항에 막 도착하였다가 다시 몇 시간 만에 인천 공항으로 되돌아와야 했던 것이다. 그것도 추방이라는 중화인민공화국의 명령에 따라야 했던 터라 모든 추가 비용을 스스로 지불해야만 했다. 당시 그는 대학 교수로 학생들을 가르치느라 소설 창작 작업에 집중하기 어려웠는데, 겨울 방학을 맞아 한 달 동안 타지에서 본격적으로 작업에 몰두하기로 하였다. 그래서 그는 방학 기간 동안 머물 장소로 상하이를 선택하였고, 민간인 아파트를 한 달 정도 빌려 쓰면서 삼시 세끼도 제공받을 수 있다는 적합한 조건을 보고 한 달 동안의 숙박비와 식비 전액을 송금하였다. 그런데 푸동 공항에 도착해서야 다른 여행자들과는 다른 자신을 발견했다. 한국에서 비자를 받아 오지 않은 것이다. 그는 "중국하고 우리나라가 얼마나 교류가 많은데 비자가 필요해요?"라며 같은 비행기를 탔던 사람들에게 묻거나, "현지 공항에서 바로 비자를 발급해 주던 동남아 관광지들"을 떠올리며 일말의 희망을 가지고 공안 요원을 따라갔다. 하지만 결과는 추방이었다.

이 경험담은 단순히 개인의 실수로 여행을 망친 이야기로만 읽히지 않는다. 외국인에 대한 입국 허가증 '비자'와 관련한 개인의 경험은 국제 사회의 다양한 메시지를 전달하기도 한다. 김영하의 아내는 만 하루도 지나지 않아 인천 공항에 돌아오자 그가 당시 집필 중인 작품 내용을 가지고 중국이 입국 허가를 내주지 않았을 것이라 추측했다고 한다. 이렇듯 비자는 수수료를 내고 요청한다고 해서 모두에게 허락되는 것은 아니며 국제 관계와 국제적 정세, 혹은 국가별 상황에 따라 크게 영향받는다.

중국 여행을 위한 비자 발급과 관련한 경험담은 박경리의 기행문 『만리장성의 나라』에서도 찾아볼 수 있다. 박경리는 『토지』 집필 전에 중국을 방문한 경험이 없다. 그는 살아생전에 중국에 갈 수 있으리라고는 생각지 못했다고 한다. 1988년 사회주의권과의 관계 개선이 이루어지면서 『토지』의 공간적 배경이 되었던 하얼빈, 장춘, 연변 등에 가볼 수 있었던 것이다. 그런데 1989년 여름 당시에는 한중수교가 공식적으로 이루어지기 전이라 직접 중국으로 들어갈 수 없었으며, 홍콩에서 중국

비자를 발급받아야만 했다. 그래서 작가는 홍콩을 경유하여 중국에 다녀온 경험을 기록해 놓았다. 위의 두 편의 글 이외에도 '비자'와 관련한 개인의 경험담은 더 많이 찾아볼 수 있을 것이다. 그것이 일기이든, 기행문이든, 편지이든 기록물의 유형과 상관없이, 또 유명인이든 아니든 상관없이 '비자: 외국인에 대한 입국 허가증' 관련 아카이브를 만든다면 우리는 그것을 통해 다양한 사회적인 메시지를 읽어낼 수 있을 것이다.

미시사 微視史

우리는 흔히 역사적 가치가 있는 사료라고 하면 전쟁이나 국가의 건국과 같은 거대한 사건들을 생각한다. 하지만 역사가 반드시 거대한 사건들만으로 구성된 것은 아니며, 그 사회를 살고 있던 평범한 사람들의 이야기를 바탕으로 형성된다고 할 때, 인간 개개인의 삶 역시 의미 있고 가치 있는 것으로 볼 수 있다. 미시사는 그동안의 역사가 '민족', '이념', '계급'과 같은 거대 담론들을 중심으로 전개되었다면, 이것에서 벗어나 개개인의 삶이 지니고 있는 의미와 가치에 주목할 것을 주장한다. 미시사 방법론을 한마디로 정의하는 '줌인'(zoom-in)이라는 용어가 상징하듯이, 미시사는 작은 규모의 역사에 접근한다. "미시사는 기존의 역사학이 방대한 통계 자료와 민족, 계급과 같은 거대 담론에 치우쳐 '역사의 주체로서의 인간'을 잊고 있었다는 비판 속에서 등장했다."

이러한 맥락에서 미시사가들은 기존 역사 서술에서 배제되었던 일반 사람들의 삶을 조명한다. 즉 개인의 삶과 그 기록 역시 역사가 될 수 있다고 주장한다. 그리고 그동안 역사적 사료로서 주목받지 못했던 개인의 일기나 편지, 사적인 기록의 가치와 활용 가능성에 주목한다. 다시 말해, 미시사는 개인의 삶과 기록이 그동안 거대 담론 중심의 역사에서 볼 수 없었던 새로운 사실을 발견하고, 역사적 가치를 추구하는 데 도움을 준다고 주장한다.

패러다임 사고와 내러티브 사고

인지 심리학자 제롬 브루너Bruner, Jerome S.는 인간이 세계와 경험을 이해하는 데에 작동시키는 사고방식을 인과적·논리적 구조로 사고를 전개하는 유형과 이야기를 중심으로 사고를 전개하는 유형으로 나누어 설명한 바 있다. 다시 말해 인간의 사고 양식은 패러다임 사고 양식(Paradigmatic Mode of Thinking)과 내러티브 사고 양식(Narrative Mode of Thinking)으로 구분할 수 있다.

패러다임 사고는 이론적으로 형식 논리적이며 추상적이고 일반적인 진술로 구성된 과학적 사고를 지칭한다. 사고의 진위에 대한 검증이 가능하며 구체적인 상황 맥락에 의해 논리가 좌우되지 않는다. 인간은 무엇인가를 탐색할 때 각종 정보들을 관련지으며 목적, 수단, 합법성에 따라 특정한 사고 유형을 선택하는데, 주로 분석이나 가설 검증에서 나타나는 패러다임 사고를 통해서는 경험을 논리적으로 분류하면서 과학적인 지식이나 보편적인 불변의 이치를 추구한다.

이와 달리 내러티브 사고를 통해서는 일련의 체계를 갖추며 배열된 경험적 사건들을 중심으로 그 사이에 존재하는 관련성을 찾고자 하면서 인간의 정형화되지 않은 의도나 행동의 변천 및 그에 따른 결과에 관심을 둔다. 또한 대화를 나누는 의사소통의 상황에서든 어떤 사건을 이해하는 상황에서든 사람들 간의 관계 맥락, 교류 상태, 행위의 의도 등 구체적이고 특수한 의미를 파악해내려 한다.

핵심 가이드

- 아카이브의 주제와 이에 포함되는 자료들을 소개하기 위한 스토리텔링을 만들어 본다.
- 확정한 주제에 따라 최종적으로 만들어질 아카이브의 기획 의도를 작성한다.
- 확보한 자료는 스토리텔링 작성에 활용할 수 있도록 저자나 제작자, 유형, 주요 내용의 핵심어 등을 파악하여 열거해 놓는다.
- 확보한 자료에서 찾아볼 수 있는 주요 등장인물 몇 명을 선정한다. 최종적으로 주인공을 1명으로 설정한다고 하더라도 이야기를 위해 관계 맺을 등장인물들을 확보하는 차원에서 몇 명을 선정해 놓는 것이 좋다.
- 주요 시공간을 설정하여 구체적으로 묘사한다. 이 시공간은 자료 속에 나오는 것일 수도 있고 그것과는 상관없는 제3의 시공간일 수도 있다. 물론 가상공간도 가능하다.
- 스토리 개요를 짜면서 결말은 열린 결말로 하도록 하자. 열린 결말은 다양한 상상을 불러일으켜 더욱 흥미를 끈다. 캐릭터를 중심으로 스토리를 갖추되 종결을 알 수 없도록 한다면 더욱 다채롭고 매력적으로 여겨질 것이다.

3 아카이브 스토리텔링

아카이브 최종 주제				
아카이브 기획 의도				
확보 자료 기본 정보	번호	저자 혹은 제작자	자료 유형	자료 내용 핵심어
	1			
	2			
	3			
	4			
	5			
주요 등장인물				
주요 시공간				
열린 결말의 스토리 개요				

세이브더칠드런 난민 구호 홍보 영상
https://youtu.be/Qr-D-z6DHbw?list=UU5VE_KuAtTSLRZaW22nHI4w

2014년 시리아 내전 3년을 맞아 국제구호개발 NGO '세이브더칠드런'에서 제작한 영상 〈영국에서 전쟁이 일어난다면〉(Don't Panic)은 전쟁의 참혹한 실상을 알리고 시리아 아동에 대한 인도적 지원을 촉구하는 데 큰 역할을 하고 있다. 전 세계적으로 관심을 받은 이 영상은 영국의 평범한 소녀가 생일 케이크의 촛불을 끄는 장면으로 시작한다. 스토리텔링을 통해 하루아침에 난민이 되어버린 어린이의 고통을 호소력 있게 보여 줌으로써 난민 문제를 부각하는 데에 큰 효과를 거둔 것이다.

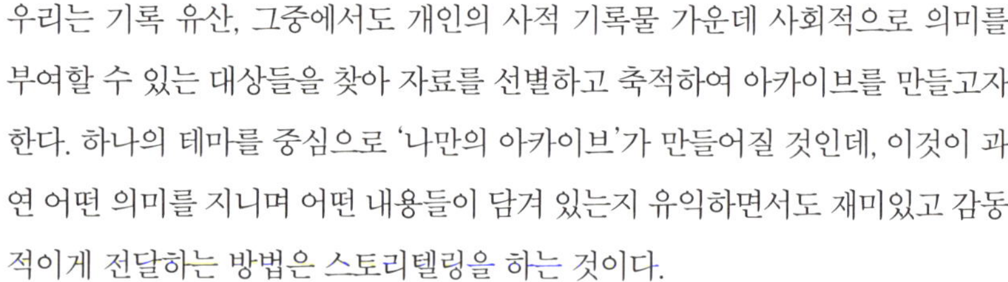

우리는 기록 유산, 그중에서도 개인의 사적 기록물 가운데 사회적으로 의미를 부여할 수 있는 대상들을 찾아 자료를 선별하고 축적하여 아카이브를 만들고자 한다. 하나의 테마를 중심으로 '나만의 아카이브'가 만들어질 것인데, 이것이 과연 어떤 의미를 지니며 어떤 내용들이 담겨 있는지 유익하면서도 재미있고 감동적이게 전달하는 방법은 스토리텔링을 하는 것이다.

우리의 작업은 인포메이션 스토리텔링(Information Storytelling)으로, 데이터베이스이면서 에듀테인먼트 속성을 가지고 있다. 따라서 아카이브 스토리를 만들 때에 지나치게 픽션을 구상하거나 시나리오를 쓰면 안 된다. 광고를 만들 때 광고가 너무 재미있어 정작 상품에 대해 전혀 인지하지 못한다면, 그것은 광고가 지닌 인포메이션 스토리텔링으로 성공했다고 보기 어렵다. 우리는 스스로 모으고, 선별하고, 축적한 귀중한 자료들이 빛을 발할 수 있도록 스토리텔링을 하여 '나만의 아카이브'를 만든 노력이 헛되지 않도록 해야 할 것이다.

그러기 위해서는 스토리에 등장하는 캐릭터를 아카이브 속에서 찾아내고, 사건 역시 그 안에서 찾아 설정하는 것이 좋다. 다만 시공간은 가상공간 등 자유롭게 설정하여도 좋다. 아카이브 자료 중에 자신의 기록물이 있다면 당연히 자신이 그 캐릭터가 될 수도 있을 것이다. 또한 소설이나 영화처럼 완결된 장편의 스토리보다는 열린 스토리가 더 적절하다. 우리의 아카이브 자료는 스토리의 일관성이나 통일성을 확보하기 어려울 수 있으며, 그럴 수 있다 하더라도 '나만의 아카이브'를 보러 오는 사람들이 스스로 이야기를 상상할 수 있도록 하는 것이 바람직하다.

스토리텔링

스토리텔링은 스토리(Story)와 텔링(Telling)의 합성어로, "스토리는 어떤 줄거리를 가진 이야기"를 말하고 "텔링은 매체에 맞는 표현 방법", 즉 "각종 매체에 맞게 이야기하는 기술"을 뜻한다. 스토리텔링은 스토리를 전달하는 인류의 오랜 담화 양식이지만 최근 디지털 기술의 발달로 다양한 표현과 전달 방법의 특성을 지닌 디지털 스토리텔링이 주목받고 있다.

흔히 정보의 내용과 전달 목적에 따라 스토리텔링은 크게 엔터테인먼트 스토리텔링(소설, 만화, 드라마, 영화, 게임 등)과 인포메이션 스토리텔링(전시, 축제, 다큐멘터리, 에듀테인먼트, 데이터베이스 등), 그리고 비즈니스 스토리텔링(광고, 브랜드, 상품, 기업 경영 등), 일상생활 스토리텔링(음식, 의복, 건축, 농수산물, 제조업, 서비스업 등)으로 나뉘기도 한다. 그러나 이들 각 분야는 내용이나 전달 매체에 따라 다른 스토리텔링의 속성을 복합적으로 지니기도 해 명확한 구분이 어렵기도 하다. 모든 콘텐츠들이 기본적으로 엔터테인먼트를 지향하면서도 효율적인 정보의 전달을 목적으로 하고 있기 때문이다. 특히 이 가운데 인포메이션 스토리텔링은 허구적 이야기를 창조하는 엔터테인먼트 스토리텔링 등과 달리, 주어진 정보를 사용자 중심으로 가공, 배치, 편집하는 것이 중요하다.

역사의 재현과 서사성

우리는 흔히 역사적 사건에 대한 재현을 외부 세계의 객관적 대상을 '있는 그대로' 설명하는 것이라고 생각한다. 하지만 포스트모더니즘의 영향을 받은 많은 역사학자들은 이러한 관점에 반기를 든다. 그들에게 역사란 외부 세계에 존재하는 사건에 대한 '서사화'와 다르지 않았다. 즉 그들에게 역사는 어떻게 쓰이는가에 바탕을 둔 하나의 '서사물'과도 같은 것이었다.

이러한 맥락에서 경험이 서술되는 양상에 대해 헤이든 화이트는 '플롯화'(Emplotment)라는 개념을 통해 설명한다. 그는 '주어진 과거 사건들의 집합은 그 자체로 비극이나 희극 또는 풍자적 성격을 지니고 있지 않기 때문에 역사가는 사건들에 하나의 스토리 유형을 부여함으로써 사건들에 의미를 부여할 수 있고, 사건들의 집합을 서사로 만들 수 있다'고 말한다. 따라서 혼란스러운 것이거나 의미가 없이 존재하는 삶은 서사로 이야기될 때에만 과거를 거슬러 올라가 의미 있는 형태로 변형되는 것이다. 화이트는 이러한 과정을 가능하게 하기 위해, 즉 무정형의 사건에 의미를 발생시키기 위해 '스토리 유형'을 부여하는 과정을 플롯화라고 설명한다. 이러한 맥락에서 사실을 올바로 재현했는가는 부차적인 문제가 된다. 초점이 되는 것은 오히려 경험/사실을 재현하는 '형식 그 자체'에 있다. 따라서 화이트는 19세기 유럽의 역사 서술에 관해 논의하며 사건의 사실성이 아닌, 플롯 구성과 논증, 이데올로기의 '형식'과 그것들 사이의 서사적 연관성에 관해 설명한다.

기억공간 Memorial Space

기억공간은 기억을 위한 공간이지만, 그 자체로 사람들에게 기억을 제공하는 공간이다. 복합적인 기능을 수행하는 기억공간을 디자인하기 위해서는 집단기억을 해석하고 재구성하는 과정에서 다양한 요소들을 통합적으로 사용해야 한다. 또한 기억공간은 기억의 내용을 단순히 전시하거나 전달하는 공간이 아니다. 기억공간은 고유한 방식으로 추모의 역할을 수행할 수 있는데, 그 이유는 기억공간의 미적인 특성 때문이다. 수준 높은 기억공간은 아름다움 속에서 윤리적인 책임과 의무를 느낄 수 있는 숭고미를 추구한다. 기억공간은 기록, 보존, 전시, 추모, 소통, 체험이 일어나는 미적 공간이다.

기억공간 디자인

Memorial Space

핵심 가이드

■ 사회적인 의미를 갖는 하나의 집단기억을 스스로 찾는 과정 자체가 중요하다.

■ 정확히 설계하는 데 목적이 있는 것이 아니라, 이미지를 통해 의미를 재구성하는 과정에 목적이 있다.

■ 실제 활동 시 포인트 1, 2, 3, 4는 전체 그림 안에 하나로 표현되어야 한다.

■ 주제, 공간, 관람자의 관계를 고려해 기억공간을 디자인하도록 안내한다.

■ 필요한 경우 기존 사진이나 그림, 이미지, 일러스트레이션 등을 부분적으로 붙여가며 만들 수 있다.

■ 사회적 메시지를 담은 '기억공간'이라는 점을 기억한다.

기억공간

핵심 가이드

- 제시된 사례들을 참고하여 유사 사례를 살펴보고, 집단기억으로 볼 수 있는 주제를 찾는다.
- 역사적·사회적 사실을 토대로 핵심 메시지를 선정한다.
- 핵심 메시지 중에서 세부 내용을 추출하여 어떻게 이미지화할 수 있는지 구상해 본다.

1 집단기억 찾기

〈 집단기억 :   〉

역사적·사회적 배경 및 중요성	
핵심 메시지	
기억공간으로 이미지화할 내용	1) 2) 3) 4)

'집단기억'을 개념화한 알브바슈Halbwachs, Maurice에 따르면 개인의 기억은 집단의 기억에 우선하지만, 개인의 기억은 오직 집단의 기억 속에서 비로소 의사소통이 가능한 형태로 구성된다고 한다. 개인의 기억은 집단기억을 통해 기록, 보존, 공유, 형성된다는 것이다. 집단기억(Collective Memory)은 단순한 '집합기억'(Collected Memory)과는 달리 사회 구성원의 생생한 의사소통 속에서 재구성되고 유지되는 식으로 끊임없이 현재화되는 기억이다. 따라서 집단기억은 동시에 사회적 기억이 된다. 사회적 기억은 한 사회의 정체성을 드러내기 위한 것이다. 그러나 때로는 한 사회의 정체성을 유지하기 위해 암묵적으로 기억이 망각되기도 한다. 사회적 기억으로서 보존되어야 할 집단기억을 찾아보자.

에밀리 데이비슨

에밀리 데이비슨 Davison, Emily
https://www.britannica.com/biography/Emily-Davison
http://www.pathe.co.uk/trailers/

1913년 6월 영국에서 오랜 전통의 경마 대회가 열리고 있었다. 그 대회는 국왕 소유의 말도 참가하는 중요한 대회였다. 마지막 결승점을 향해 말들이 힘차게 달려오고 있을 때였다. 갑자기 한 여성이 트랙 안으로 들어가 달려오는 말들을 향해 걸어간다. 그리고 그녀는 이상하게도 끝에서 세 번째로 오는 말을 찾는 듯했고, 이내 그녀는 전속력으로 달려오는 그 말과 부딪혀 쓰러지고 만다. 사람들의 비명 소리가 들리고 사진 기자들이 사진을 찍는다. 경주마에 부딪힌 그녀가 온전할 리가 없다. 그녀는 의식을 회복하지 못하고 며칠 만에 세상을 떠났다. 그녀의 이름은 에밀리 데이비슨으로, 옥스퍼드대를 졸업한 32세의 엘리트 여성이었다. 그리고 그녀가 부딪힌 말은 왕실 소유의 '앤머'였다. 무슨 일이 일어난 것일까? 영국의 대표 신문 〈더 타임스〉는 그 사건이 일어난 다음날인 6월 5일자 신문에 "여성 참정권자 사건, 폐하의 경마기수 다치다"라는 제목으로 관련 기사를 싣는다. 목격자들에 의하면 그녀는 말에 부딪히기 전 이렇게 외쳤다고 한다. "여성에게 투표권을!" 그리고 5년 후 여성에게도 참정권이 주어진다.

전태일
http://www.chuntaeil.org
https://www.taeil.org

6.10 민주항쟁
https://www.610.or.kr
http://www.kdemo.or.kr

5.18 민주화 운동
http://www.518.org
http://www.518archives.go.kr

집단기억 Collective Memory

동일한 사건에 대해 많은 사람들이 비슷한 기억을 갖는다고 해도 기억하는 행위는 언제나 개인을 단위로 일어난다. 그러나 여기에서 주의해야 할 것은 그가 속한 집단의 역할이 축소되어서는 안 된다는 점이다. 집단은 개인의 기억을 위한 자료를 제공하며, 여러 사건들 중에 어떤 사건을 기억하도록 자극하는 역할을 한다. 또한 간접적인 체험과 기억 역시 개인이 집단에 속해 있기에 가능하다. 따라서 기억의 단위가 개인이라는 사실과 개인의 기억이 집단을 통해 가능하다는 사실은 양립할 수 있다. 이러한 맥락에서 알브바슈는 '집단기억'을 주장한다. 그에 따르면 기억은 결코 경험의 자료들을 모아 둔 저장소가 아니다. 기억은 언제나 심상의 형태로 변형되며, 이러한 심상은 그가 속한 집단과의 상호 관계 속에서 비로소 보존된다. 기억은 개인의 기억이지만, 심상, 상징, 이야기의 형태로 변형되고 보존되는 사회적 산물인 것이다.

집합기억 Collected Memory

집합기억은 '개인'이 기억의 유일한 단위라는 전제 위에서 성립한다. 실제 기억이 일어나는 장소가 개인이라는 점을 강조하는 것이다. 하지만 이 경우 기억이 여러 단계에서 임의로 수정될 수 있는 가능성에 대해 설명해야 할 부담이 생긴다. 왜냐하면 집단적인 경험은 개인들에 의해 왜곡될 수 있으며, 그것을 여과 없이 수집한 집합기억의 신빙성 역시 문제시될 수 있기 때문이다. 또한 개인들의 기억으로부터 집합기억을 수집하는 과정에서 연구자들의 임의적인 해석 역시 문제가 될 수 있다. 집합기억이 가지는 이러한 문제점은 개인의 기억만이 사실이라는 개인주의적 기억이론의 한계이다.

핵심 가이드

- 기억공간을 특징지을 포인트를 부분적으로 스케치하는 단계이다.
- 기억의 주제를 통합적·창의적으로 드러낼 수 있도록 3~4개의 공간 포인트를 스케치한다.
- 기억공간에서 기념물은 공간 속에 별도로 배치될 수도 있지만, 공간 자체가 하나의 기념물이 될 수도 있다.
- 스케치이기 때문에 의미를 담은 부분의 특징만 드러나게 그리는 것이 중요하다.

2 공간 연출 스케치

기억공간은 기본적으로 '기념의 내용'(주제), '기념하는 자'(관람자), '기념이 일어나는 곳'(장소)으로 구성된다. 다시 말해, 기억공간은 우선 기념의 내용을 중심으로 디자인되어야 하지만, 그것을 보거나 느끼며 새로운 기억 속에서 기념하는 관람자의 위치, 시선 또는 동선 역시 고려해야 한다. 이때 기억공간이 놓이게 되는 장소 역시 자신의 공간성을 최대한 활용해 작품의 의미 체험에 기여할 수 있어야 한다. 앞서 찾은 집단기억을 어떻게 디자인할지 기술해 보자.

공간의 전체적인 내·외부 형태	(예시) 공간 전체가 자리하게 될 장소, 공간의 외형, 바닥, 벽, 천장, 창문 등
관람자를 고려한 공간의 크기 및 비례	(예시) 시선, 기념물과의 거리, 관람자의 입장에서 본 높이나 넓이 등
관람자 동선	(예시) 출입구, 관람 위치, 스토리에 따른 각 공간 순서 등
공간을 비추는 빛의 사용	(예시) 인공 조명, 자연 채광, 명암, 분위기 등
공간을 구성하는 재료 선택	(예시) 재료의 종류, 촉감, 색채 등
공간 연출을 위한 배경 음악 및 소리 선택	(예시) 배경 음악, 음향 등

공간 포인트 스케치 1

공간 포인트 스케치 1의 의미

공간 포인트 스케치 2

공간 포인트 스케치 2의 의미

공간 포인트 스케치 3

공간 포인트 스케치 3의 의미

공간 포인트 스케치 4

공간 포인트 스케치 4의 의미

어떤 기억은 기념될 필요가 있다. 특히 그것이 집단의 기억인 경우, 그리고 그것이 사회적인 의미를 가지는 경우, 마지막으로 시대를 가로질러 보존해야 하는 경우가 그렇다. 집단기억을 기념하기 위해서는 마치 아카이브처럼 모든 종류의 기억을 남김없이 보관하는 방법도 있겠지만, 상징적 매체를 사용해 기념의 의미를 극대화하는 방법도 있다. 상징적 매체를 통해 집단기억을 기념한다는 것은 통합적으로 해석하고 재구성하는 적극적인 활동이다. 왜냐하면 그것은 한편으로 개인들의 기억을 관통하는 사회적·집단적 기억을 해석해 내는 활동이며, 다른 한편으로 그러한 집단기억을 다시금 매체를 통해 재구성하는 활동이기 때문이다.

내적 체험으로서의 기억을 다른 사람과 함께 기념하기 위해서는 어떤 식으로든 객관적으로 구현해야 한다. 그렇게 객관적으로 구현한 매체를 통해 사람들은 기억을 함께 추모하게 된다. 우리는 이미 이렇게 이상적으로 해석되고 재구성된 다양한 기념 공간들에 대해 잘 알고 있다. 그런데 보다 많은 사람들에게 주목받고 회자되는 기념 공간들이 있다. 아마도 그러한 몇몇 기념 공간들이 특별한 이유는 해석되고 재구성된 기념 공간 자체가 다시금 각각의 사람들에게 새로운 개인적 기억을 선사하기 때문일 것이다. 이러한 기념 공간은 더 이상 기념의 수단으로 머물지 않는다. 기억을 위해 만든 수단으로서의 기념 공간이 이제는 그 자체로 기억을 생성하는 능동적 역할을 하게 되는 것이다. 뉴욕 맨해튼에 있는 '911 메모리얼'(911 Memorial)이나 베를린에 있는 '홀로코스트 메모리얼'(Holocaust Memorial)은 이러한 의미에서 또 하나의 기억공간으로 기능하고 있다.

911 메모리얼

911 메모리얼
https://www.911memorial.org

원래 건물이 있던 자리에 조성된 911 메모리얼

'911 메모리얼'은 9.11 테러로 인해 수많은 희생자와 함께 붕괴된 세계 무역센터 건물의 자리에 조성되었다. 사라진 건물 뒤에 남은 거대한 빈터는 상실과 비극, 침묵 그리고 평화를 위한 다짐을 불러일으키기에 충분하다.
한적한 거리를 걷다보면 가까이에서 상쾌한 물소리가 들린다. 물소리를 찾아가면 마치 인공 호수처럼 보이는 곳이 나타난다. 그러나 다소 특별한 모양으로 조성된 모습에 의아함을 느끼게 되고, 이내 이곳이 바로 9.11 테러로 인해 붕괴된 세계 무역센터 건물의 터라는 사실을 알게 되는 순간 깊은 생각에 잠기게 된다. 도시는 그날을 기억하고 있었던 것이다.
베를린에 있는 '홀로코스트 메모리얼'에서 아무런 글자도 없이 서로 다른 크기로 줄지어 누워 있는 거대한 회색빛 돌들 사이를 거닐 때면 인간이 저지른 거대한 비극 한복판을 거니는 듯한 섬뜩함을 느끼게 되며 또한 알 수 없는 책임감에 휩싸이게 된다. 돌들은 마치 희생자들 한명 한명을 연상시키듯 서로 다른 크

베를린에 있는 홀로코스트 메모리얼

기로 조성되었다.

베를린 중심가에는 두 번의 전쟁으로 아들과 손자를 잃은 콜비츠Kollwitz, Käthe의 기억공간이 우리를 기다리고 있다. 우리는 특별한 기대감을 갖고 거대한 전시공간의 입구를 들어서지만, 다소 어둡고 컴컴한 공간은 텅 비어 있으며 한 여인이 아들을 안고 웅크린 채 앉아 있는 모습만을 보게 된다. 아무런 소리도 더 이상 아무것도 보이지 않는다. 조형물의 천장은 개방되어 있어서 비가 오면 그 조형물은 비를 맞아야 하고, 눈이 오면 그 눈을 온전히 맞아야 한다. 멀리 떨어져 안전하게 지붕 밑에서 그 모습을 관람하는 우리는 전쟁으로 인한 비극과 슬픔을 간신히 피했을 뿐이다.

콜비츠, 〈피에타〉

콜비츠 뮤지엄
https://www.kaethe-kollwitz.de/en/the-museum/museum

공간 해석력

공간 해석력은 공간을 특징, 관점 및 의미와 연관하여 분석하고 구성하는 능력이다. 우리는 주어진 공간을 해석할 때, 물리적 혹은 수학적인 관점에서 분석하기도 하고, 지리적 관계 속에서 파악하기도 하며, 미적 관점에서 해석하기도 하고, 윤리적이고 철학적인 관점에서 의미를 부여하기도 한다. 공간은 우리에게 객관적이고 고정된 것으로 주어지는 것이 아니라, 우리의 삶 속에서 의미 부여되고 해석되며 이해된다. 그러므로 우리의 삶의 공간은 우리가 해석하고 의미 부여하는 과정을 통해서 비로소 하나의 공간으로 구성된다. 특히 현대에는 다양한 미디어의 특성과 삶의 개방성과 복잡성으로 인해 공간 개념이 난해해지고 있으며, 가상 공간과 실재 공간 등 공간성의 경계가 모호해지고 있다.

공간 해석은 특히 미학에서 중요하게 논의된다. 예컨대, 무한성으로 공간을 이해하는 장자의 해석은 동양 회화에서 여백을 중시하고 강조하는 조형 언어에 깊은 영향을 주었다. 장자는 도(道)처럼 텅 비어 담담한 상태에서 최고의 미를 추구할 수 있다고 설명했고, 프랑스 철학자 들뢰즈Deleuze, Gilles는 공간을 탈영토화의 개념과 관련지어 이해했다. 탈영토화는 공간적 제약을 뛰어넘으며, 구조적인 속박으로부터 해방되는 경지를 말하는데, 이것은 유목민적 사유의 전형이다. 들뢰즈는 탈영토화의 과정에서 발생하는 초월적인 '되기'의 개념을 동양 회화를 통해 설명하기도 한다.

정형 전시공간과 비정형 전시공간

소위 '화이트 큐브'(White cube)라고 불리는 가장 일반적인 '정형 전시공간'에서 작품은 대개 벽면을 기준으로 전시된다. 관람자의 동선과 시선을 단순화해 그만큼 작품에 집중할 수 있다는 장점이 있다. 하지만 이러한 공간은 작품의 의미를 강하게 정형화해, 모든 관람자는 동일한 위치, 동일한 시선에서 동일한 의미를 파악하도록 강요된다. 작품의 객관적인 의미를 온전히 보존할 수 있지만, 공간과 관람자의 역할은 그만큼 축소된다. 반면 비정형 전시공간의 특징은 관람자의 동선과 시선을 극단적으로 자유롭게 만든다는 점에 있다. 따라서 이 경우 관람자는 자신의 위치에 따라 작품을 다르게 보게 되며, 이를 통해 자유롭게 작품의 의미를 경험하게 된다. 작품과 공간 그리고 관람자가 함께 작품의 의미를 구성할 수 있다. 물론 이 경우 작품의 의미가 극단적으로 다원화되거나 공간 속에 묻혀 심지어 의미를 상실할 수도 있다. 따라서 이러한 비정형 전시공간의 장점을 잘 활용하기 위해서는 상당한 노력이 필요하다.

드랍-인 인터렉티브 체험 Drop-In Interactive Experience

전시공간의 패러다임은 소위 '드랍-인 인터렉티브 체험' 공간을 통해 전복될 수 있다. 이러한 공간 속에서 작품의 의미는 철저히 우연의 산물로 취급된다. 이를테면 작품은 공간 속에서 관람자들이 앉거나 눕거나 기댈 수 있는 형태로만 만들어지고 관람객은 아무런 준비 없이 이 공간 속에 들어와 작품을 이용해 단지 쉬거나 즐길 뿐이다. 공간과 작품, 관람객 사이의 우연적인 사건 속에서 작품의 의미는 때때로 나타났다 사라진다. 하지만 그렇게 이 공간 속에서는 모든 순간이 살아 있는 작품이 된다.

에필로그

+ 인문창의 포트폴리오

Humanistic Creativity Portfolio

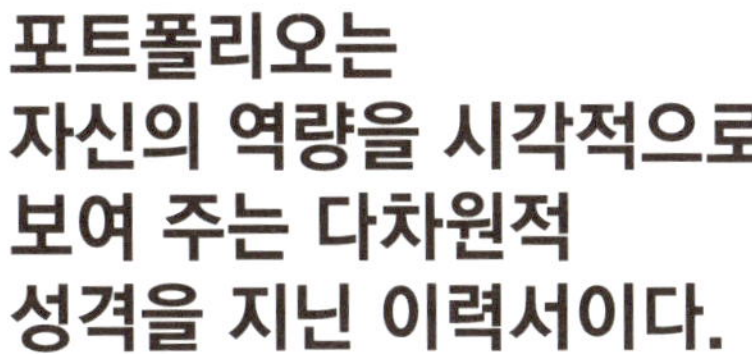

포트폴리오는
자신의 역량을 시각적으로
보여 주는 다차원적
성격을 지닌 이력서이다.

포트폴리오는
자신의 성장 과정과
수행 능력을 보여 줄 수 있는
소통 수단이다.

세상에 같은
포트폴리오는 없다.
개인의 정체성, 잠재력, 포부가
모두 다르기 때문이다.

어떤 주제로
어떤 내용과 성찰을 담아
누구와 소통할 것인가?
이는 온전히 나에게 달려 있다.

STEP 01

표지 제작

포트폴리오 주제가
잘 드러나도록 제목을 작성한다.
포트폴리오의 핵심을 보여 주면서
강렬한 인상을 남길 수 있도록 한다.

표지에 활용할 이미지를 구성한다.
포트폴리오에 포함된 작품을 활용하거나
포트폴리오의 특성이 잘 드러나는 사진,
일러스트, 영상, 애니메이션 등으로 표현한다.

작성자의 소속, 이름 등 기본 정보를
포함하고 SNS 계정, 이메일 주소 등
연락할 수 있는 방법을 함께 제시하여도 좋다.

표지에 인상적인 단어, 문구, 인용문을 활용하여
포트폴리오의 주제와
작성자의 개성을 표현한다.

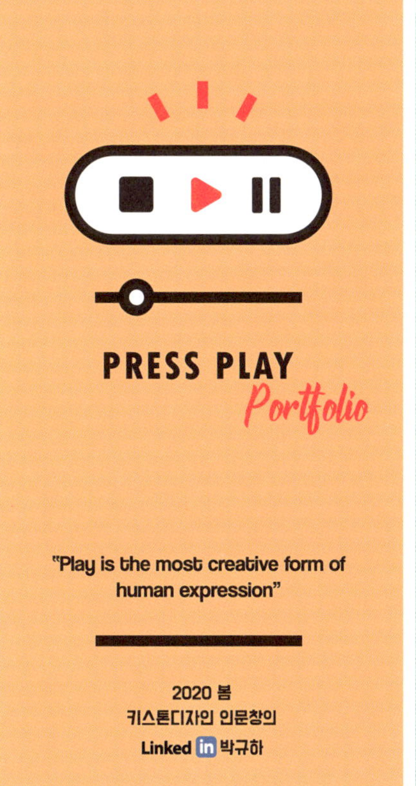

Everybody is a genius.
But if you judge a fish by
its ability to climb a tree,
it will live its whole life
believing that it is stupid.

-Albert Einstein-

2020 봄
키스톤 디자인 인문창의
creativity@catholic.ac.kr
김창의

STEP 02

작품 선정

포트폴리오의 주제와 목적에
부합하는 작품을 선정한다.

작품은 이미지, 텍스트, QR코드 등
다양한 유형으로 제시할 수 있으며
작품 전체 또는 일부를 선정하는 것도 가능하다.

각 작품의 개요와 특징에 대한
간략한 설명을 포함한다.

실물 포트폴리오 이외에도
웹사이트를 참고하여
디지털 포트폴리오를 구성할 수도 있다.

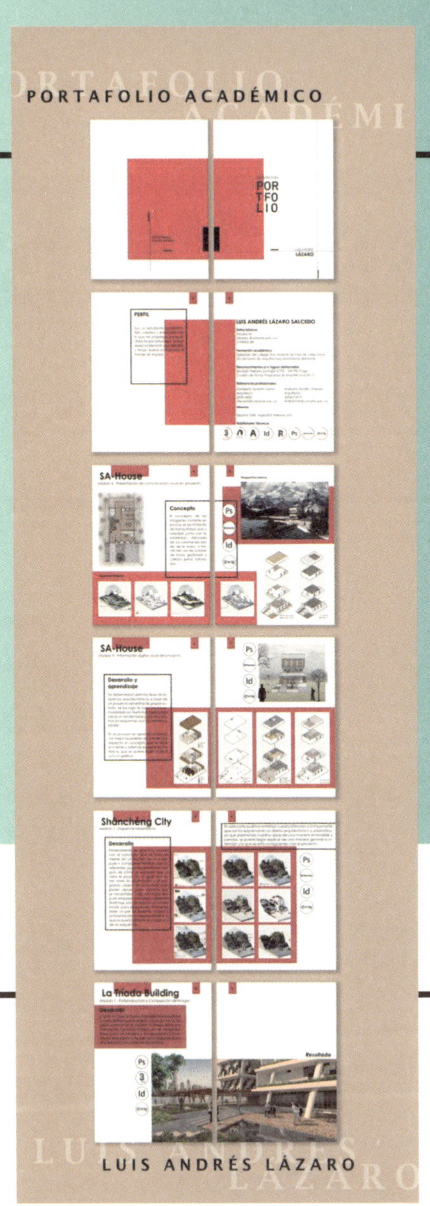

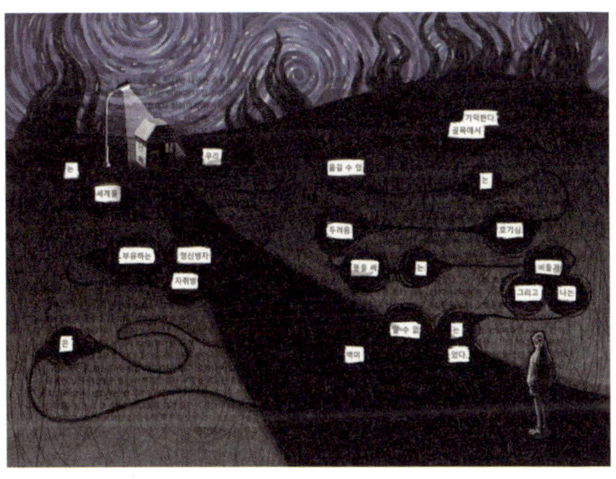

Wix Portfolio
제작 사이트

Adobe Portfolio
제작 사이트

STEP 03

포트폴리오 스토리

포트폴리오에서 전달하고자 하는
의미를 설명한다.
포트폴리오의 주제와 특징이
잘 드러날 수 있도록
스토리를 구성한다.

선정한 작품들이
하나의 포트폴리오 내에서
어떤 의미와 연관성을 갖는지
통합적으로 설명한다.

이미지나
인상적인 문구를 활용하여
내용을 효과적으로
전달하도록 한다.

"플레이는 나를 몰입하고 하고
즐겁게 하고 창작하게 한다."

이 포트폴리오는

내 미래 동료인 엔터테인먼트 산업 종사자들이
영감을 얻을 수 있는 전시와 소통의 공간이기를 바란다.
본 포트폴리오는 플레이(놀이)를 위한 슈필라움,
이미지 콜라주와 블랙아웃 포에트리로 구성되어 있다.
플레이를 일로, 일을 플레이로 즐길 줄 아는
사람이 되어 더욱 폭넓은 독자를 대상으로
다양한 형태로 창작하고 소통하고자 한다.

LOVE IN MILLION COLORS

후천적 장애를 가진 사람들의 꿈을 실현시키는
사회적 기업을 기획하고 있는 나의 사랑 이야기가 여기 있다.
세 개의 작품은 각각 나의 꿈을 향한 열정, 보이지 않는 곳에서
타인의 삶을 가꿔나가는 이들에 대한 존경,
더 나은 사회를 만들고자 하는 인류애에 대해
작지만 힘 있는 목소리를 낸다.
안개가 낀 날에도 손가락 그림으로 그려질
나의 사랑이 이 안에서 반짝거린다.

Into The Unknown

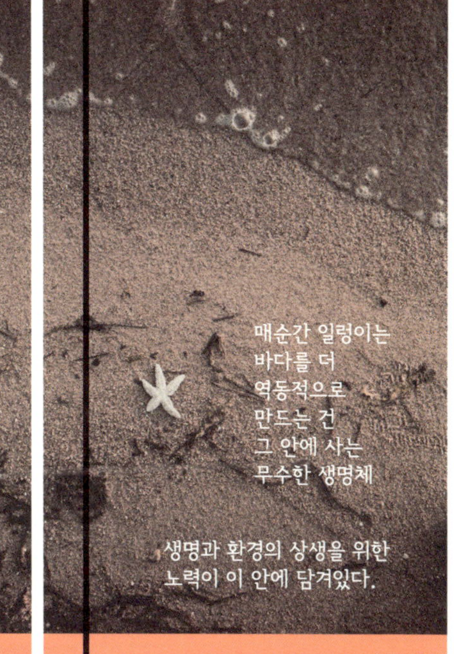

김창의
creativity@catholic.ac.kr

참고 문헌 및 인용 저작물 출처

- 강정, 「내가 '그것'을 '노인'이라 부를 수밖에 없는 이유」, 『계간 시 전문지 포지션』, 5호, 포지션, 2014.
- 고미숙, 「정체성 교육의 새로운 접근: 서사적 정체성 교육」, 『한국교육』, 30권 1호, 한국교육개발원, 2003.
- 곽차섭, 『다시, 미시사란 무엇인가』, 푸른역사, 2017.
- 군터 게바우어·크리스토프 불프 공저, 『미메시스』, 최성만 옮김, 글항아리, 2015.
- 권혁웅, 『시론』, 문학동네, 2010.
- 권혁웅, 『환유』, 모악, 2017.
- 기형도, 「엄마 걱정」, 『기형도 전집』, 문학과지성사, 2000.
- 김영하, 『여행의 이유』, 문학동네, 2019.
- 김용직 엮음, 『이육사 전집』, 깊은샘, 2004.
- 김정호, 〈세한도〉
  http://www.heritage.go.kr/heri/cul/culSelectDetail.do?VdkVgwKey=11,01800000,11 (접속일: 2020.02.27.)
- 데이비드 호크니, 〈Mother I〉
  http://www.artchive.com/artchive/H/hockney/hockney_mother.jpg.html (접속일: 2020.02.27.)
- 데이비드 호크니, 〈Mum〉
  https://thedavidhockneyfoundation.org/artwork/3191 (접속일: 2020.02.27.)
- 데이비드 호크니, 〈더 큰 첨벙〉
  https://www.tate.org.uk/art/artworks/hockney-a-bigger-splash-t03254 (접속일: 2020.02.27.)
- 데이빗 소로·프란츠 카프카 외, 『또 다른 나에게로 가는 일기』, 최석민 옮김, 북인, 2006.
- 도로시아 랭, 〈이주 노동자 어머니〉
  https://collections.artsmia.org/art/4383/migrant-mother-nipomo-california-dorothea-lange
  (Minneapolis Institute of Art, The Alfred and Ingrid Lenz Harrison Fund, 92.136, 접속일: 2020.02.27.)
- 마르셀 뒤샹, 〈L.H.O.O.Q.〉
  https://www.flickr.com/photos/centralasian/5435689277 (접속일: 2020.02.27.)
- 명화 패러디(배달의 민족)
  https://www.youtube.com/watch?v=EYLoxXC81jU (접속일: 2020.02.27.)
- 민주화운동기념사업회 홈페이지
  http://www.kdemo.or.kr (접속일: 2020.02.27.)
- 밀레, 〈첫 걸음〉
  https://upload.wikimedia.org/wikipedia/commons/9/9b/First_Steps_%28Millet%29.jpg (접속일: 2020.02.27.)
- 박경리, 『만리장성의 나라』, 나남, 2003.
- 박귀섭, 〈project - SHADOW #2〉
  https://www.facebook.com/1984baki/photos/a.745159995562492/2494877710590703/
  ?type=3&theater (접속일: 2020.02.27.)
- 박민정, 「내러티브란 무엇인가」, 『아시아교육연구』, 7권 4호, 서울대학교 교육연구소, 2006.
- 박상순, 「빵공장으로 통하는 철도로부터 6년 뒤」, 『6은 나무 7은 돌고래』, 민음사, 2009.
- 베르디의 오페라 〈오셀로〉의 무대 디자인
  https://en.wikipedia.org/wiki/Otello#/media/
  File: Marcel_Jambon_-_Giuseppe_Verdi_-_Otello_Act_I_set_design_model.jpg (접속일: 2020.02.27.)

■ 베를린관광 홈페이지
https://www.visitberlin.de/en/memorial-murdered-jews-europe (접속일: 2020.02.27.)
■ 뷰먼트 뉴홀 외, 『기록으로서의 사진』, 이주영 옮김, 눈빛, 1996.
■ 브리태니커 백과사전 홈페이지
https://www.britannica.com/biography/Emily-Davison (접속일: 2020.02.27.)
■ 빈센트 반 고흐, 〈아를의 반 고흐의 방〉
https://en.wikipedia.org/wiki/Vincent_van_Gogh#/media/File: Vincent_van_Gogh_-_De_slaapkamer_-_Google_Art_Project.jpg (접속일: 2020.02.27.)
■ 세이브더칠드런 난민홍보영상
https://youtu.be/Qr-D-z6DHbw?list=UU5VE_KuAtTSLRZaW22nHI4w (접속일: 2020.02.27.)
■ 소쇄원 홈페이지
http://www.soswaewon.co.kr/ (접속일: 2020.02.27.)
■ 소엘라 자니, 〈벨키사〉
https://www.facebook.com/soela.zani/photos/a.939303459456177/939304072789449/?type=3&theater (접속일: 2020.02.27.)
■ 스무살 "아득한 별", 〈유지원의 옥탑방 라디오〉
https://www.youtube.com/watch?v=keBnfgksssQ (접속일: 2020.02.27.)
■ 스티븐 맥매너미의 사진 작업
https://www.instagram.com/combophoto (접속일: 2020.02.27.)
■ 안병직, 「픽션으로서의 역사: 헤이든 화이트의 역사론」, 『인문논총』, 51집, 서울대학교 인문학 연구원, 2004.
■ 앤디 워홀, 〈모나리자〉
https://warholfoundation.org/ (접속일: 2020.02.27.)
■ 엄경희, 『은유』, 모악, 2016.
■ 에르빈 파노프스키, 『도상해석학 연구』, 이한순 옮김, 시공사, 2002.
■ 에른스트 H. 곰브리치, 『서양미술사』, 백승길·이종숭 옮김, 예경, 2002.
■ 영화 〈드라큘라〉 공식 트레일러
https://www.imdb.com/video/vi3978142745?playlistId=tt0103874&ref_=tt_ov_vi (접속일: 2020.02.27.)
■ 영화 〈라라랜드〉 공식 트레일러
https://www.imdb.com/video/vi2814621465?ref_=ttvi_vi_imdb_8 (접속일: 2020.02.27.)
■ 영화 〈라이온 킹〉 공식 트레일러
https://www.youtube.com/watch?v=7TavVZMewpY (접속일: 2020.02.27.)
■ 영화 〈미션〉, 「가브리엘의 오보에」
https://www.youtube.com/watch?v=C-AZ0mnSDrE (접속일: 2020.02.27.)
■ 영화 〈사운드 오브 뮤직〉, *My Favorite Things*
https://www.youtube.com/watch?v=0lagRZBvLtw (접속일: 2020.02.27.)
■ 영화 〈인사이드 아웃〉 공식 트레일러
https://www.youtube.com/watch?v=seMwpP0yeu4 (접속일: 2020.02.27.)

참고 문헌 및 인용 저작물 출처

- 영화 〈죠스〉, 「주제곡」
  https://www.youtube.com/watch?v=IV8i-pSVMaQ (접속일: 2020.02.27.)
- 영화 〈주토피아〉의 경찰학교 졸업식 장면
  https://www.youtube.com/watch?v=LIGRaw9zRZ0 (접속일: 2020.02.27.)
- 옥스포드 사전
  https://www.oed.com/ (접속일: 2020.02.27.)
- 우리가 디자인하는 방식에 영향을 준 25개의 방
  https://www.nytimes.com/2019/12/09/t-magazine/25-rooms-influence-design.html
  (접속일: 2020.02.27.)
- 월터 아이작슨, 『스티브 잡스』, 안진환 옮김, 민음사, 2015.
- 유니클로 패러디 광고
  https://www.youtube.com/watch?v=O4JL4By81yc (접속일: 2020.02.27.)
- 유성호 엮음, 『김광균 문학전집』, 소명출판, 2014.
- 이인화, 『스토리텔링 진화론』, 해냄, 2014.
- 인상파 화가 세잔의 작업실
  http://www.cezanne-en-provence.com/en/the-cezanne-sites/atelier-de-cezanne
  (접속일: 2020.02.27.)
- 일렉트릭기타 수집가의 공간
  https://www.shutterstock.com/ko/image-photo/collection-electric-guitars-living-room-290088776
  (접속일: 2020.02.27.)
- 전태일기념관 홈페이지
  https://www.taeil.org (접속일: 2020.02.27.)
- 전태일재단 홈페이지
  http://www.chuntaeil.org (접속일: 2020.02.27.)
- 정끝별, 『패러디』, 모악, 2017.
- 제프리 K. 올릭, 『기억의 지도』, 강경이 옮김, 옥당, 2011.
- 책으로 꾸민 벽
  https://pixabay.com/ko/photos/%EC%B1%85%EC%9D%98-%EB%B2%BD-%EC%B1%85-%EB%B2%BD-%EC%9E%A5%EC%8B%9D%EC%9D%98-1151405/ (접속일: 2020.02.27.)
- 케빈 카터, 〈수단의 굶주리는 소녀〉
  https://en.wikipedia.org/wiki/The_vulture_and_the_little_girl (접속일: 2020.02.27.)
- 케테 콜비츠 뮤지엄 홈페이지
  https://www.kaethe-kollwitz.de/en/the-museum/museum (접속일: 2020.02.27.)
- 클라우스 슈밥, 『클라우스 슈밥의 제4차 산업혁명』, 송경진 옮김, 새로운현재, 2016.
- 파테 홈페이지
  http://www.pathe.co.uk/trailers (접속일: 2020.02.27.)
- 페르난도 보테로, 〈모나리자〉
  https://www.banrepcultural.org/coleccion-de-arte/obra/monalisa-ap3380 (접속일: 2020.02.27.)

- 표준국어대사전
  https://stdict.korean.go.kr/main/main.do (접속일: 2020.02.27.)
- 프란스 드 발, 『공감의 시대』, 최재천 옮김, 김영사, 2017.
- 피코 델라 미란돌라, 『피코 델라 미란돌라 - 인간 존엄성에 관한 연설』, 성염 옮김, 경세원, 2009.
- 5·18기념재단 홈페이지
  http://www.518.org (접속일: 2020.02.27.)
- 5·18민주화운동기록관 홈페이지
  http://www.518archives.go.kr (접속일: 2020.02.27.)
- 6·10민주항쟁 홈페이지
  https://www.610.or.kr (접속일: 2020.02.27.)
- 9/11 메모리얼 앤 뮤지엄 홈페이지
  https://www.911memorial.org (접속일: 2020.02.27.)
- Adobe Portfolio 제작 지원
  https://helpx.adobe.com/kr/creative-cloud/how-to/create-portfolio-website.html (접속일: 2020.02.27.)
- Björk, *My favourite things*(with lyrics)
  https://www.youtube.com/watch?v=9GKIVI5sxew (접속일: 2020.02.27.)
- Blackout poetry 소개
  https://www.fadeintoablackoutpoetry.com/what-is-blackout-poetry/ (접속일: 2020.02.27.)
- Kollwitz, Käthe, <Mother with her Dead Son>
  https://en.wikipedia.org/wiki/Neue_Wache#/media/File:B_Neue_Wache_interior_1b.jpg
  (접속일: 2020.02.27.)
- Photo of the 9/11 memorial taken from the World Financial Center (1)
  https://en.wikipedia.org/wiki/National_September_11_Memorial_%26_Museum#/media/
  File:WTCmemorialJune2012.png (접속일: 2020.02.27.)
- Shah, Priti, Miyake, Akira(eds.), *The Cambridge Handbook of Visuospatial Thinking*,
  Cambridge University Press, 2005.
- Wix.com 포트폴리오 템플레이트
  https://www.wix.com/website/templates/html/portfolio-cv (접속일: 2020.02.27.)

키스톤디자인

인문창의

제1판 제1쇄 펴낸날 • 2020년 2월 28일
제1판 제2쇄 펴낸날 • 2021년 3월 31일

지은이 • 가톨릭대학교 학부대학
펴낸이 • 원종철
펴낸곳 • 가톨릭대학교출판부

주소 • 03083 서울시 종로구 창경궁로 296-12
전화 • 02-740-9718
전송 • 02-745-9793
전자우편 • cukpress@catholic.ac.kr
홈페이지 • http://press.catholic.ac.kr
인쇄제작 • 재영아트
등록번호 • 제300-1989-1호(1989년 1월 13일)

ISBN 978-89-7108-331-4 13370

이 도서의 국립중앙도서관 출판예정도서목록(CIP)은 서지정보유통지원시스템 홈페이지(http://seoji.nl.go.kr)와
국가자료종합목록 구축시스템(http://kolis-net.nl.go.kr)에서 이용하실 수 있습니다.(CIP제어번호 : CIP2020007586)

값 13,000원